**당신의 마지막 집은
어디입니까?**

**당신의 마지막 집은
어디입니까?**

ⓒ랭커

초판 1쇄 인쇄 2025년 7월 29일

지은이 랭커
디자인 김지혜
마케팅 인베이더북스
펴낸곳 인베이더북스

ISBN 979-11-94600-47-3 (03320)

파본은 구입하신 서점에서 교환해 드립니다.
이 책은 저작권법에 의해 보호를 받는 저작물이기에 무단 전재와 복제를 금합니다.

평생 내 집 마련을 꿈꾸는 당신에게 가장 필요한 이야기

당신의 마지막 집은 어디입니까?

랭커 지음

인베이더북스

프롤로그

✳

나는 어머니, 아버지, 그리고 나, 셋이서 17평짜리 아파트에 살았다. 거실은 없었고, 방은 세 개였지만 내 방은 없었다. 어떤 공간도 내 것이라 불릴 수 없었다. 나는 매일 밤 이불을 꺼내고, 아침마다 다시 개켜서 넣는 생활을 반복했다. 책상도 없었고, 침대는 아예 상상조차 하지 못했다.

   그땐 그냥 다들 그렇게 사는 줄 알았다. 좁지만 그래도 웃을 수 있었고, 부족하지만 나름대로 살만하다고 여겼다. 하지만 시간이 지나면서 알게 됐다. 집이라는 건 단순히 잠만 자는 곳이 아니라, 사람이 자라날 수 있는 기반이라는 사실을.

   아이에게 필요한 건 단순한 공간이 아니라, 자기만의 감정과 생각을 담을 수 있는 여백이라는 걸 깨달았다. 그때 나는 그런 여백 없이 컸다. 조용히 생각할 자리도 없었고, 혼자만의 시간을 가질 기회도 없었다. 꿈을 펼칠 공간조차 없이, 늘 남의 자리를 빌려가며 살았다.

그 좁은 집이 나를 키우긴 했다. 하지만 동시에, 나를 작아지게도 만들었다. 나는 내 존재를 작게 접으며 자랐고, 감정도, 꿈도 눈치 속에 숨어 있어야 했다. 내가 뭔가를 하고 싶다고 느낄 때마다 먼저 생각해야 했던 건 '부모님의 눈치'였다. 그 시절의 나는 나만을 위한 결정권이 없는 아이였다.

그런 내가 지금은 반포 아크로리버파크 대형 평수에서 살고 있다.(2025년 7월 호가 기준 105억 원) 아이 방, 부부 방, 서재, 여유 있는 거실까지 있는 집이다. 공간이 넉넉하니 마음도 여유로워졌다. 무엇보다 내 아이에게는 내 어릴 적과는 다른 환경을 줄 수 있다는 게 가장 기쁘다.

아직 4살인 어린 딸아이가 어느 날 이렇게 말했다.
"아빠, 우리 집은 진짜 넓어서 좋아."
그 말을 들은 나는 웃으면서도 마음이 찡해졌다
"그래, 너는 네 방이 있으니까."
그 말이 내 가슴을 오랫동안 울렸다.

나는 아이에게 내가 겪었던 좁은 집의 기억을 물려주고 싶지 않다. 밤늦게 돌아온 부모의 피곤한 기운, 조용히 숨죽여 자야 했던 거

필자의 어린시절 아파트 90년대

실 한쪽, 마음대로 울지도 못했던 그 시절의 공기를 느끼게 하고 싶지 않다.

그래서 나는 여전히 집을 중요하게 생각한다.

집은 단지 부동산이 아니라, 사람을 키우고 감정을 보듬는 공간이라고 믿는다.

사람들은 종종 이렇게 묻는다. "지금이라도 집을 살 수 있을까요?", "너무 늦은 건 아닐까요?", "그냥 계속 전세로 살아도 되지 않을까요?"

그럴 때마다 나는 속으로 생각한다. "그 마음, 나도 너무 잘 안다." 나 역시 그런 고민을 수도 없이 반복했다. 언제 집을 살 수 있을까, 이대로 괜찮은 걸까, 계속 기다리는 게 맞는 걸까. 그런 생각이 머릿속을 맴돌던 시간이 있었다.

이 책은 그런 사람들을 위한 책이다. 왜 아직도 집이 없냐고 다그치지 않는다. 지금이라도 괜찮다고, 당신만 그런 게 아니라고 말해주는 책이다.

그리고 동시에 말하고 싶다. 지금부터라도 놓치지 말아야 할 것들이 있다고. 정보는 넘쳐나지만, 내 상황에 맞는 조언은 찾기 어렵다. 누군가는 말한다. "지금은 타이밍이 아니다." 또 누군가는 말한다.

"집값은 계속 떨어질 거다."

하지만 나는 그렇게 생각하지 않는다. 집은 숫자가 아니다. 누군가에겐 안정이고, 누군가에겐 자존감이고, 누군가에겐 미래다.

이 책은 세대별로, 왜 집을 갖는 일이 중요한지를 천천히 풀어간다. 20대는 왜 집을 아예 생각조차 하지 못했는지, 30대는 왜 결혼하고도 여전히 전세에 머무는지, 40대는 왜 점점 더 불안해지는지를 다룬다.

50대는 자녀의 미래를 걱정하며 뒤늦게 집을 찾고, 60대는 퇴직과 함께 찾아오는 불안을 마주한다. 그리고 70대, 80대가 되어서야 깨닫는다. 내 이름으로 된 집 하나 없이 살아온 세월이 얼마나 사람을 외롭게 만들 수 있는지를.

나는 아직도 17평짜리 그 집을 잊지 못한다. 그 집이 나를 키웠고, 지금의 나를 만든 곳이기도 하다. 그래서 지금도, 누군가의 집 없는

필자가 거주하는 현재 아파트

마음을 그냥 지나치지 못한다.

  이 책을 덮을 때쯤이면, 조금은 자신을 덜 미워하고, 현실을 좀 더 또렷하게 바라볼 수 있었으면 한다. 그리고 지금이라도 괜찮다는 그 말이, 마치 오래된 친구의 위로처럼 들리기를 바란다.

- 랭커12(김선호)

contents

프롤로그   004

1장 나는 내 집 마련을 하기로 결심했다

20대, 왜 집은 아예 생각조차 안 했을까?   014

30대, 결혼했지만 여전히 남의 집에 산다   028

40대, 집 없는 삶은 더 이상 견딜 수 없다   042

50대, 아이는 대학생이 되었고 집은 아직도 없다   058

60대, 은퇴했지만 집은 여전히 남의 것   070

70대, 자식에게 용돈을 받는 날이 올 줄은 몰랐다   082

80대, 마지막 이사를 고민하는 나이   096

그래서, 지금 당신은 어디에 살고 있는가?   108

2장 | 모두가 포기할 때, 나는 사기로 했다

모두가 포기할 때, 나는 사기로 했다 — **118**

집은 결국 삶을 바꾸는 가장 강력한 도구다 — **124**

그래서, 지금 집을 사야 할까? — **131**

집값보다 중요한 건, '어디에 사는가' — **137**

'살기 위한 집'이 아니라 '살아가기 위한 집'을 찾아서 — **144**

3장 | 당신이 집을 반드시 사야 하는 진짜 이유

집은 '재산'이 아니라 '관계'다 — **154**

집은 '시간'을 담는 그릇이다 — **164**

집은 나를 존중하는 첫 번째 선택이다 — **170**

집이란, 결국 내가 나를 포기하지 않게 하는 장치다 — **181**

집은 결국, 내가 세운 삶의 기준이다 — **189**

4장 순서를 바꾸는 사람만이 부를 만든다

가진 자만 집을 사는 게 아니라,
집을 먼저 사야 가진 자가 될 수 있다 — 198

지금 내 선택이, 자녀의 출발선이 된다 — 204

사는 집이 곧 인생의 기준선을 만든다 — 211

집값은 오르는데, 왜 내 삶은 제자리인가 — 219

내 집 마련, 이젠 가족 전체의 프로젝트다 — 228

집은 돈이 아니라 선택의 자유다 — 236

당신의 마지막 집은 어디입니까 — 244

에필로그 그리고, 다시 시작입니다 — 252

1장

나는
내 집 마련을 하기로
결심했다

20대, 왜 집은 아예 생각조차 안 했을까?

01

집이라는 단어를 입에 올리지 않았던 시절

✶

스무 살, 처음으로 자취방을 구하러 다니던 친구는 말했다.

"그냥 학교랑 가까우면 돼. 딴 건 몰라도, 가까워야 살아."

햇살도, 구조도, 채광도, 심지어 소음도 중요하지 않았다. 월세가 조금 비싸면 말 그대로 '버티면 되는 일'이었다. '내 집'이라는 개념은 친구들의 대화에조차 없었다. 그건 금수저의 이야기, 혹은 어른들의 세계였다.

집이라는 건 늘 남의 것이었다. 누구도 집을 말하지 않았다. 친구도, 교수도, 직장 선배도, 부모도. 모두가 암묵적으로 말하는 듯했다.

"지금은 그런 거 생각하지 마. 공부나 해."

20대는 바빴다. 수업, 과제, 아르바이트, 취업 준비, 연애, 인간관계. 매일 지치는 하루를 보내면서도, '내 집 마련'이라는 단어는 너무 멀었다. 그게 20대의 평균적인 현실이었다.

그런데 정말 아무도 말해주지 않았다. "집을 생각하지 않는 시간도 결국 빚이 된다"는 사실을.

==스물다섯 살에 전세 1억 보증금이 부담스러웠던 친구는, 서른이 넘어서 같은 동네에서 전세 3억을 고민하고 있다.==

시간은 흐르고, 집값도 흐른다. 하지만 20대는 그 흐름을 인식할 여유조차 없이 지나간다.

그리고 그 흐름을 무시한 대가는, 불편함이 아닌 불가능함으로 돌아온다.

"나는 그냥 월세가 편해서…"라는 말 뒤에는 사실 '할 수 없어서'라는 말이 숨어 있었다.

누군가는 말한다.

"나는 욕심이 없어서 그냥 이대로도 괜찮아."

하지만 정말 괜찮은 걸까? 아니면 괜찮다고 믿고 싶은 걸까? 청년이라는 말은 멋지다. 가능성과 잠재력의 상징처럼 들린다. 하지만 '무관심'이라는 태도로 시간을 보내면, 그 가능성은 '제자리'에 멈춘다.

지금의 무관심은 미래의 고통으로 돌아온다. 그 시작은 언제나, '집'에서 비롯된다.

월세는 줄어들지 않는다, 다만 감각만 무뎌질 뿐

✶

자취를 시작한 대부분의 20대는 월세 인생의 출발선에 섰다. 보증금 500만 원에 월세 50만 원, 관리비 10만 원. 총 60만 원이 매달 고정지출로 빠져나간다.

처음엔 부담이 컸다. 알바 두 개씩을 뛰기도 했다. 월급날과 카드 결제일 사이에서 계산기를 두드리며 한숨을 쉬었다.

하지만 몇 달이 지나면 무뎌진다.

"다들 이렇게 사는 거겠지."

"월세는 그냥 당연한 거야."

지금 내고 있는 월세가 1년이면 720만 원. 3년이면 2,160만 원이다. 하지만 그 돈은 나를 위해 남지 않는다. 남의 자산을 만들어주는 비용일 뿐이다.

이사할 때마다 원상복구 비용에, 도배도, 장판도 내 돈으로 해놓고 나온다.

그 모든 걸 겪으면서도, '내 집'을 꿈꾸는 사람은 많지 않다. 그저 월세가 조금 더 싸거나, 역세권이면 그걸로 만족한다.

"월세는 편하잖아. 책임질 것도 없고."

하지만 책임지지 않으면, 얻을 것도 없다.

통장에 남는 건 적금이 아니라 영수증이고, 매달 이사 가방처럼 돈도 흘러간다.

월세를 아무렇지 않게 생각하는 그 태도는, 사실은 '포기'라는 말과도 닿아 있다.

나는 지금 포기하고 있는 걸까? 아니면 모르고 있는 걸까?

지금의 소비가 나의 내일을 갉아먹는다

✳

카페, 여행, 스마트폰, 최신 노트북, 중고차. 20대의 소비는 '경험'이라는 이름으로 포장된다.

SNS에 올릴 일상, 카페 인증샷, 해외여행 브이로그. 모두가 '나도 이만큼은 산다'는 증표처럼 남는다.

물론 경험은 중요하다. 젊을 때 해봐야 한다는 말, 맞는 말이다. 그런데 아무도 말해주지 않았다.

그 소비가 '내일의 집 한 채'를 갉아먹고 있었다는 사실을.

매달 빠져나가는 월세에, 비용 감각 없이 쌓인 신용카드 결제액까지. 자산은 제자리거나 마이너스.

통장은 비어가고, 남는 건 인스타그램 속 추억뿐이었다.

그 시절, 누군가는 월세 대신 적금을 붓고, 투자 공부를 시작하고, 서울이 아닌 외곽의 소형 아파트 청약을 준비하고 있었다.

"나는 놀았고, 그는 준비했다."

차이는 그 한 줄로 요약된다.

그리고 그 차이는 30대가 되었을 때, 현실로 드러난다.

"나는 아직도 전세고, 그는 벌써 실거주 2년 채웠더라."

젊음은 소비의 면죄부가 아니다. 경험은 자산이 될 수도 있지만, '기회비용'이라는 현실 앞에서는 핑계일 뿐이다.

'나중에'라는 환상, 현실이 되지 못한 이유

✳

많은 20대는 '나중'을 믿는다. 취업하고, 결혼하면, 대출받으면…

하지만 그 '나중'은 언제 오고, 그때 집값은 과연 지금 그대로일까?

2년 전, 3억이던 아파트가 지금은 6억이 되었다. "그때 샀으면…" 하는 말은 이제 우스개처럼 들린다.

현실은 생각보다 빠르게 움직이고 있었다. 대출은 막혔고, 전세는 불안해졌고, 집값은 '무관심했던 시간'만큼이나 올라버렸다.

누군가는 그 시간을 정보로 바꿨고, 누군가는 그 시간을 소비로 흘려보냈다.

"20대는 선택보다, 선택하지 않은 것들이 더 비싸게 돌아오는 시기다."

'나중에'라는 말은 현실이 아니라 자신을 안심시키는 일시적인 약속이다.

하지만 그 약속은 대개 지켜지지 않는다.

10년 뒤를 준비하지 않으면, 10년 뒤에도 지금과 똑같은 말을 반복하게 된다.

"지금은 좀 바빠서…"

"지금은 돈이 없어서…"

"지금은 아직 때가 아니라서…"

그리고 시간은, 그런 핑계를 기다려주지 않는다.

집을 늦게 알게 된 사람들의 이야기

✳

서른이 넘어 처음 부동산 앱을 깐 친구는 말했다.

"이게 다 진짜 가격이야…?"

이직한 직장은 집에서 2시간 거리였다. 나보다 먼저 부모님이 나서서 내 전세 보증금을 걱정해준다.

그때 처음 깨닫는다. 집이 없다는 건 단지 자산이 없는 게 아니라, 삶의 우선순위가 내 것이 아니라는 뜻이었다.

계속 이사를 다니고, 주거 불안정에 시달리고, 결혼·출산·육아의 기획조차 어렵고, 기회가 생겨도 '사는 문제' 앞에서 포기하게 된다.

부모의 도움 없이는 꿈꿀 수 없는 '내 집', 자신의 힘으로는 닿지 않는 거리.

"나는 왜 이걸 이렇게 늦게 알았을까?"

이 책은 그런 이들의 이야기로 시작한다.

20대의 당신에게 지금 말하고 싶다. 지금부터라도 생각해도 늦지 않다.

당장 사라는 말이 아니다. 하지만, 생각조차 하지 않으면, 10년은 그대로 흘러간다.

그리고 그때, "이제는 정말 못 사겠다"는 말이 당신 입에서도 나올 수 있다.

지금, 당신은 집에 대해 진지하게 생각하고 있는가?

부모의 집을 기준 삼지 말 것

✶

20대가 가장 많이 하는 실수가 있다. 바로 '부모의 집'을 기준 삼는 것이다. 강남 아파트에서 나고 자란 사람은, 막연히 '집이란 그런 곳'이라 믿는다. 반대로, 전세와 월세를 전전했던 사람은 '집은 원래 내 것이 아닌 것'처럼 체념한다. 그러나 부모의 집은, 당신의 시작점이 아니다. 그건 부모의 선택이었고, 그들의 경제력의 결과일 뿐이다.

문제는, 20대는 대부분 현실을 가늠하지 못한다는 것이다. 부모님이 지금 사는 집이 몇 억짜리인지, 그걸 사기 위해 어떤 시세 흐름과 타이밍이 있었는지 모른다. 그저 '나도 언젠간 이렇게 살겠지' 하며 막연히 기대한다. 하지만 시장은 그 기대를 기다려주지 않는다. 현실은, 부모의 집보다 훨씬 냉정하다.

부모의 도움 없이 첫 집을 마련하려면, 그만큼 이른 준비와 빠른 판단이 필요하다. '부모는 그래도 해줄 거야'라는 생각, 그건 당신의 가능성을 가장 빨리 갉아먹는 독이다.

'첫 집은 작아도 된다'는 말의 진짜 의미

✳

"처음부터 좋은 집 살 수는 없잖아. 작은 집부터 시작해."

많은 사람이 하는 말이다. 하지만 정작 그 '작은 집'을 진심으로 찾아보는 20대는 적다. 왜냐하면 작고 오래된 집은, SNS에 자랑할 수 없고, 친구들 모임에 말할 거리도 되지 않기 때문이다. 그래서 다들 애매하게 비싼 전세나 예쁜 월세를 찾는다. 결국 돈은 쓰고, 자산은 남지 않는다.

진짜 중요한 건 크기가 아니다. 그 집이 '내 것'이냐, 아니냐이다. 남의 집에서 아무리 좋은 인테리어를 해도, 그건 결국 남의 자산을 꾸며주는 일일 뿐이다. 작더라도, 오래됐더라도, 내 이름이 적힌 등기 한 줄이 당신의 삶을 바꾼다.

처음부터 멋진 집은 필요 없다. 하지만 처음부터 의미 있는 집은 필요하다.

청약, 진짜 나와 상관없는 걸까?

✳

"청약은 로또야."

"그건 금수저들이나 넣는 거지."

"나는 당첨될 리도 없어."

이 말들은 대부분 정보 부족에서 나온다. 막상 알아보면, 20대도 넣을 수 있는 청약 제도는 많다. 생애 최초, 신혼부부, 청년 우선 공급…문제는 관심이 없다는 것이다. 아예 검색조차 하지 않는다.

현실은 이렇다. 지금 당장은 청약 당첨이 어려울 수도 있다. 하지만 청약은 '기록의 싸움'이다. 무주택 기간, 청약 통장 납입 횟수, 소득 조건… 이 모든 것을 **지금부터 쌓아야** 30대 중반, 40대에 기회가 온다.

"그때부터 준비하면 되지"라고 생각한다면, 그건 이미 누군가보다 5년은 늦은 거다. 청약은 하루아침에 당첨되는 게 아니다. 그래서 더 빨리, 더 일찍, 관심을 가져야 한다.

기회는 언제나 '작은 돈'부터 시작된다

✳

부동산은 거대한 돈의 게임처럼 보인다. 하지만 기회는 늘 '작은 돈'에서 출발한다. 수도권 외곽, 서울 끝자락, 오래된 구축, 갭투자 가능한 5천만 원짜리 전세 끼고 사는 집. 이런 곳들이 20대에게는 첫 단추가 된다.

문제는 '눈'이다. 아직 아무것도 오르지 않았을 때, 누군가는 "거기 왜 사?"라고 말한다. 하지만 그곳이 나중에 오르면, 사람들은 "거기 진작 샀어야지"라고 말한다.

20대가 감당할 수 있는 돈은 작다. 그래서 그 작은 돈 안에서 움직여야 한다. 기회는 대단한 데서 오지 않는다. 작은 돈을 들여 진입한 그 순간, 당신은 이미 시장의 문턱을 넘은 거다.

지금 움직이지 않으면, 또 10년이다

✳

"내년에는 좀 여유가 생기겠지."

"직장 자리 잡으면 그때부터 모으자."

"30대엔 뭐라도 되겠지."

그런 말로 위안받으며 20대를 흘려보낸 사람들이 30대가 되어 가장 많이 하는 말이 있다.

"진작 좀 알 걸…"

지금 움직이지 않으면, 또 10년이다. 마흔이 되어도 같은 고민을 반복하고 있을 것이다. 살 수 있는 타이밍은 많지 않다. 하지만 놓칠 수 있는 타이밍은 항상 존재한다.

누군가는 아직은 괜찮다고 말할지 모른다.

하지만 현실은 묻는다.

"그럼 대체 언제 움직일 건가요?"

준비하지 않으면, 준비된 사람에게 기회가 간다. 지금의 무관심은 미래의 후회로 돌아온다. 20대의 마지막 질문은 이것이어야 한다.

"나는 지금, 정말 아무것도 안 해도 괜찮은 걸까?"

20대가 절대 하지 말아야 할 10가지

1. 목표 없이 대학만 다니는 것
졸업장이 아니라 방향이 중요하다. 대학은 목적이 아니라 수단이다.

---

2. 스펙만 쌓다 20대를 다 보내는 것
이력서는 잘 써도, 인생은 못 쓰는 사람이 된다.
경험이 아니라 '성과'가 필요하다.

---

3. 타인의 시선에 따라 진로를 정하는 것
부모, 친구, 사회의 기준에 맞추다 보면 정작 '나'는 사라진다.
남이 아닌 내가 결정해야 한다.

---

4. 단기 수익에만 눈멀어 코인·주식에 올인하는 것
정보 없이 뛰어드는 건 투자 아닌 도박이다.
기초 없이 달리는 차는 벼랑으로 간다.

5. 연애·외모·SNS에 인생 에너지를 다 쓰는 것

보여주는 인생에 집중하면, 진짜 인생은 흘러간다. '좋아요'는 자산이 아니다.

6. 회사 취업이 끝이라고 생각하는 것

회사는 출발선일 뿐이다. 월급은 네 잠재력을 사는 가격이다.
그 값에 만족하지 마라.

7. 남들과 비교하며 조급해하는 것

비교는 방향을 잃게 만든다. 남 따라가다 네 속도와 기회를 다 놓친다.

8. 소비 습관을 방치하는 것

돈을 모으는 건 버는 것보다 중요하다.
20대의 소비 습관이 평생 자산을 결정한다.

9. 부동산·세금·금융에 무지한 것

모르면 무조건 손해 본다. 사회는 무지한 사람부터 먼저 털어간다.

10. "나중에"라는 말을 입에 달고 사는 것

나중은 오지 않는다. 가장 늦은 후회는 "그때 시작할 걸"이다.

30대, 결혼했지만 여전히 남의 집에 산다

결혼이 안정이 아니라 부담이 되다

30대의 시작은 결혼이라는 이벤트와 함께 오는 경우가 많다. 사랑으로 시작했지만, 현실은 돈이었다. 청첩장을 만들고, 예단과 예물, 신혼여행과 웨딩촬영, 하객 접대까지. 그 모든 것을 치르고 나면, 집 문제가 남는다.

"둘이 합쳐 1억 정도 모았는데, 전세는 가능하겠지?"

하지만 현실은 냉정했다. 서울은커녕 수도권 외곽에서도 1억으로는 방 한 칸 구하기 힘들었다. 전세는 점점 사라지고, 반전세도 오르고 있었다.

결혼이 축복이 아니라 짐처럼 느껴지는 순간이었다. 그리고 그 짐의 이름은 '내 집 없음'이었다.

한 커플은 결혼을 1년 미루기로 했다. 이유는 단 하나, "살 집이 없어서."

집이 없어 결혼을 못 하고, 결혼을 해도 이사 걱정에 신혼의 달콤함을 즐기지 못하고, 전세 만기 2년이 지나면 또다시 싸움과 갈등이 시작된다.

집이 안정이어야 하는데, 30대 부부에겐 집은 불안의 시작이었다.

신혼부부, 정부의 말만 믿었다가 뒤통수 맞다

✶

정부는 말한다.

"신혼부부 특별공급 있습니다."

"생애최초 주택구입 지원합니다."

"금리 우대, 전세자금 대출 가능합니다."

하지만 신청하면 탈락. 점수는 모자라고, 소득은 간신히 기준 초과. 혹시나 했지만 역시나였다.

공공분양은 발표만 요란하고, 당첨은 로또보다 어렵고, 청약은 하늘의 별 따기다.

한 친구는 말했다.

"우리 부부는 진짜 국가 정책만 믿고 기다렸어. 그런데 아무것도 없더라. 결국 다시 월세로 갔지."

그렇게 기회는 또 지나갔다. 뒤늦게 알아본 건 민간 분양이었지만, 청약가점도 없고, 자금도 부족했다.

그나마 전세대출을 받아 전세를 얻었지만, 금리가 오르자 이자 부담이 눈덩이처럼 불었다. 지원은 있었지만, 실질적 도움은 없었다. 정책은 있지만, 결국 내 집은 없었다.

내 월급으로는 도저히 집을 살 수 없다는 결론

✳

회사에 다닌 지 5년, 연봉은 5천만 원. 그렇게 모은 돈이 5년 동안 약 5천만 원. 전세 보증금 2억을 끼고 갭투자를 꿈꿨지만, 서울은 이미 너무 멀었다.

"강북 구축이라도 괜찮아"라고 낮춰 잡았지만, 대출이 막혔고, 중도금 낼 여유도 없었다.

서울을 포기하고 수도권으로 시선을 돌렸다. 그런데도 3억, 4억짜리 아파트. 신혼부부에게는 감당 안 되는 수준이었다.

한 부부는 용기를 내어 분양권을 계약했다. 하지만 입주시점까지 잔금 1억을 준비해야 했고, 그 부담에 계약을 해지했다.

"나는 직장을 다녔고, 아내도 맞벌이였지만 집값을 감당할 수 없었다."

그 순간 깨달았다. '아, 이건 그냥 우리 수준으로는 불가능한 일이구나.'

희망이 아니라 포기였다.

그리고 그때부터는 생각조차 하지 않게 된다.

그런데 문제는 바로 거기서부터 시작이다.

아이가 생기면 집 문제는 더 절실해진다

✳

결혼 2년 차, 드디어 아이가 생겼다. 기쁨도 잠시, 곧바로 방 문제가 시작됐다.

현재 사는 집은 방 2개. 하나는 부부 침실, 하나는 작은 창고 겸 작업방.

아이가 태어나면 방 하나를 내줘야 하고, 기저귀, 유모차, 장난감, 아기 침대 등, 집 안은 순식간에 좁아진다.

그리고 가장 큰 문제는 '이사'

육아에 적합한 환경을 찾다 보면, 엘리베이터 유무, 유아시설, 어린이집 거리, 심지어 병원과 약국까지 고려해야 한다.

그런데 그런 곳은 늘 비싸다. 그리고 그런 곳일수록 전세 매물은 없다.

결국 다시 월세로 돌아간 부부.

"우리는 아이를 낳고 나서 집을 처음 진지하게 고민했어요. 그런데 이미 늦었더라고요."

출산과 함께 부동산 앱을 뒤적이고, 재건축 뉴스에 귀를 기울이고, 청약 가점 계산을 시작했다.

아이가 없을 땐 몰랐다. 하지만 아이가 생기면 집은 선택이 아니라 '생존'이 된다.

지금의 이 집에서 아이를 키우는 게 맞는지. 앞으로도 계속 이렇게 살아도 되는 건지.

그때 드는 생각 하나.

"이걸 진작 시작했어야 했는데…"

결국 늦게 시작한 자의 슬픔

✲

시간은 흐른다. 20대엔 집이 먼 얘기였고, 30대엔 집이 무서운 얘기가 되었다.

사실 부부는 열심히 살았다. 아끼고, 저축하고, 투자도 조금은 했다.

하지만 부동산은 기다려주지 않았다. 모두가 말리는 시기에 산 사람만 웃고, 모두가 몰릴 때 산 사람은 5년을 기다렸다.

뒤늦게 깨닫는다. 내가 가진 것보다 더 중요한 건, '언제 시작했느냐'였다.

한 커플은 29세에 첫 집을 샀고, 다른 커플은 35세에 첫 부동산 공부를 시작했다.

6년의 차이는 단순히 나이 차이가 아니라, 자산 3~4억의 차이로 돌아왔다.

그리고 30대 후반이 된 지금, 둘은 같은 회사를 다니고 있지만, 사는 지역도, 자산도, 인생도 달라져 있었다.

==“부동산을 모르면, 인생이 늦는다.”==

정확히 말하자면, 인생이 뒤처진다.

내가 늦었다고 생각하는 지금이 사실은 가장 빠른 시점일 수도 있다.

그런데 그 시작을 또 미루면, 그건 늦은 게 아니라 포기가 된다.

지금 이 책을 읽고 있다면, 당신은 아직 희망이 있는 사람이다.

그 희망을 놓지 말자.

그리고 지금부터, 아주 작게라도 시작해보자.

지금, 당신은 가족을 위한 집을 진지하게 생각하고 있는가?

그렇다면, 당신은 절대 늦지 않았다.

이사, 또 이사… 이젠 지쳤다

✳

30대 중반. 세 번째 이사를 했다. 이번엔 아예 더 외곽으로 밀려났다. 집값이 오르면서 전세금도 덩달아 오르고, 대출 한도는 제자리였다. 결국 더 멀리, 더 오래된 아파트로 옮길 수밖에 없었다. 아이는 학교를 전학 가야 했고, 배우자는 출퇴근 시간이 1시간 이상 늘었다.

이삿짐을 싸면서 생각했다. "도대체 우리는 언제쯤 정착할 수 있을까."

매번 이사할 때마다 집기를 하나 둘 버려야 했다. 더 좁은 집으로 가면 짐을 줄여야 하니까. 아이 책상, 놀이 매트, 장난감… 뭔가를 버릴 때마다 마음도 함께 닳아갔다.

이사는 단지 공간의 이동이 아니었다. 우리의 시간, 노력, 감정, 관계를 갈아넣는 고된 노동이었다. 그럼에도 불구하고 이사할 수밖에 없는 이유, 바로 '내 집이 아니기 때문'이었다.

"지금 사는 이 집, 다음 계약도 연장될까요?"

그 질문이 너무 무서웠다. 집주인의 한 마디에 내 삶 전체가 흔들릴 수 있다는 사실. 그것이 무주택자의 현실이었다.

내 아이는 어디에서 자라야 할까

✸

부모가 된다는 건 단순히 밥 먹이고 입히는 것이 아니었다. 아이의 친구, 학군, 정서 발달, 놀이터 환경까지 모든 걸 고민해야 한다. 그런데 그 기준은 결국 '집'에서 시작되었다.

좋은 학군에 살고 싶었다. 그러나 그곳의 전셋값은 이미 서울 평균 매매가 수준이었다. 월세로도 들어가기 힘든 곳이었다. 그러다 보니, 아이의 교육을 '포기하거나', '멀리서 통학시키거나', '무리한 대출로 이사'하는 선택지밖에 없었다.

어떤 부모는 말한다.

"그냥 지방으로 내려갈까 봐요. 서울은 너무 힘들어요."

그러나 내려가면 일자리가 없고, 아이 교육도 막막했다. 결국 다시 서울로 올라오게 된다. 그 반복 속에서, 부모는 아이에게 더 나은 환경을 주기 위해 매일 타협하고 양보한다.

"우리 아이, 이대로 괜찮을까?"

그 질문은 밤마다 부모의 마음을 짓눌렀다. 집이 없다는 것은 단지 부모의 불편함을 넘어서, 아이의 삶에까지 영향을 주고 있었다.

사는 사람과 안 사는 사람의 차이

✳

같은 나이, 같은 직장, 비슷한 연봉. 그런데 5년 후, 한 사람은 자산 10억, 다른 사람은 그대로다. 그 차이는 단 하나, '집을 샀느냐, 안 샀느냐'였다.

사는 사람은 무리해서라도 산다. 갭을 끼고, 대출을 받고, 외곽이라도 들어간다. 안 사는 사람은 계속 망설인다.

"지금은 고점이야. 좀만 기다려보자."

그 기다림은 1년, 3년, 5년이 된다. 그 사이 집값은 1억, 2억, 3억씩 오른다. 결국 안 사는 사람은 사지 못하는 사람이 되고, 사는 사람은 자산가가 된다.

물론 타이밍은 중요하다. 그러나 타이밍보다 중요한 건 '행동'이다.

"어떻게든 한 번은 들어가야 한다." 그 한 번의 진입이 인생을 바꾼다. 사는 사람은 시간이 돈을 만든다. 안 사는 사람은 시간이 더 큰 격차를 만든다.

이제는 '왜 사야 하는가'를 넘어서, '언제까지 안 살 것인가'를 고민해야 한다.

부모 찬스, 없으면 끝일까?

많은 30대는 말한다.

"나는 부모 찬스가 없어요. 그래서 집 사는 건 무리예요."

맞는 말이다. 현실은 차갑다. 부모가 도와준 사람과 그렇지 않은 사람의 출발점은 너무도 다르다. 하지만 부모 찬스가 없다고 모든 게 끝난 건 아니다.

오히려 그럴수록 더 일찍 준비해야 한다. 남보다 더 많이 공부하고, 더 일찍 투자하고, 더 작게 시작해야 한다.

처음부터 30평 아파트는 무리다. 하지만 10평짜리 오피스텔도 시작일 수 있다. 수도권 끝자락, 재건축 예정지, 구축이라도 진입할 수 있는 곳부터 들어가야 한다.

"부모 찬스는 없지만, 시간 찬스는 있다." 20대 후반부터 움직이면 30대 중반엔 내 집이 생긴다. 늦게 시작할수록 그 찬스는 사라진다. 중요한 건, 남 탓이 아니라 지금 내가 할 수 있는 선택이다.

더는 기다리지 마라

많은 사람이 말한다.

"지금은 좀 애매해. 집값 떨어지면 사야지."

하지만 그 '떨어짐'은 생각보다 오지 않는다. 오더라도 내가 원하는 지역, 원하는 조건은 아니고, 그마저도 금방 회복한다.

그 사이 또 한 해가 간다. 그리고 또 한 번의 기회는 멀어진다. 집을 사는 건 타이밍이 아니라 '태도'의 문제다. 언제든 움직일 준비가 되어 있는가, 그게 핵심이다.

기다림은 불안을 낳고, 불안은 다시 무관심으로 이어진다. 그렇게 5년이 흐르고, 어느 순간 말한다.

"그때 왜 안 샀을까…"

이제는 진짜 움직여야 할 때다. 기회를 잡는 사람은, 기다리는 사람이 아니라 준비된 사람이다. 오늘 이 글이, 당신의 첫걸음이 되었으면 한다.

30대가 절대 하지 말아야 할 10가지

1. '내가 뭘 좋아하는지도 모르고 사는 것'

아침에 일어나서 "왜 사는지" 모르면, 그건 인생이 아니라 생존이다.

돈도 중요하지만, 나를 아는 게 먼저다.

좋아하는 게 없으면, 언제든 남이 시키는 일만 하게 된다.

---

2. '결혼하면 나아지겠지'라는 착각

결혼은 해결책이 아니라, 현실의 증폭 장치다.

돈 없고, 자기확신 없고, 감정조절 안 되는 상태에서 결혼하면

… 가난 + 갈등 + 후회 = 인생지옥

---

3. 지출을 '기분 따라' 하는 것

기분 나쁘다고 배달 3만 원, 쇼핑 20만 원, 술값 10만 원

… 감정 해결 안 되고, 카드값만 늘어난다.

돈으로 위로받으려다, 돈 때문에 무너진다.

4. '딱 지금만'이라는 합리화

"딱 이번 여행만", "딱 이 옷 하나만", "딱 오늘만 즐기자"

⋯▶ 딱딱딱 하다보면 통장이 텅텅텅

순간의 합리화가, 미래를 통째로 잡아먹는다.

5. 사회초년생처럼 월급날만 기다리는 것

30대면 이제 연차 꽤 됐는데, 아직도 월급날이 가장 기쁜 날이라면 문제다.

돈이 나를 움직이게 하지 말고, 내가 돈을 움직이게 해야 한다.

6. 부모님 인생 답습하는 것

"우리 부모도 이렇게 살았으니까…"

⋯▶ 그 말을 한순간, 내 미래는 과거로 굳는다.

부모님 세대는 내 집 마련 가능했던 마지막 세대였다.

그대로 따라 하면, 그대로 가난해진다.

7. 회사만 믿고 사는 것

회사가 널 책임져주는 시대는 끝났다.

희망퇴직, 구조조정, AI 대체는 이미 현실이다.

사이드잡, 파이프라인, 투자 공부 안 하면 40대에 후회한다.

8. 30대에도 아직 '현금이 최고'라고 믿는 것

물가 오르는데 현금 쥐고 있다는 건

역주행을 하는 차에 타고 있는 거랑 같다.

예·적금이 아니라, 레버리지·자산으로 생각을 옮겨야 한다.

9. 불안한데도 아무것도 안 하는 것

미래가 걱정되면서도 계획도 없고, 실천도 없다면

⋯▶ 그건 불안이 아니라 자기방치다.

불안할수록 움직여야 한다. 생각만 하다, 인생 끝난다.

10. "내가 해봤자 뭐가 되겠어"라는 자포자기

자존감이 낮아지면, 기회가 와도 못 잡는다.

남들보다 늦었다고 느껴져도

'지금 시작하는 나'는, 그 누구보다 빠른 나다.

지금 이 순간이, 인생의 첫 번째 골든타임일 수 있다.

40대, 집 없는 삶은 더 이상 견딜 수 없다

03

아이는 자라고, 집은 그대로다

✶

40대, 아이는 초등학교에 입학했다. 아니, 벌써 중학생이 되었다. 시간은 그렇게 흘렀다. 그런데 집은 여전히 남의 집이다.

전세는 세 번 바뀌었고, 아이는 세 번 전학했다. 이사할 때마다 아이는 울었고, 부부는 싸웠다.

처음엔 괜찮다고 생각했다. 조금만 더 모으면, 곧 사게 되겠지. 하지만 그 '조금'은 언제나 부족했고, 집값은 연봉의 두 배, 세 배씩 뛰어올랐다.

아이의 책가방은 점점 무거워지는데, 가족이 누울 집은 여전히 가

법지 못했다.

"우리는 매번 이사박스를 풀지 않은 채 살았다."

안정이 필요했다. 하지만 주거는 여전히 불안정했다.

집 없는 40대는, 선택이 아니라 결과였다. 그건 게으름이 아니었다. 그냥 '늦음'이었다. 그리고 이젠 늦었다는 사실이 엄청나게 두려워졌다.

연봉은 올라도, 집값은 더 빨리 뛴다

✳

40대 초반 직장인 김씨, 연봉 7천만 원. 자신도 모르게 자부심이 있었다.

"그래도 난 평균보단 잘 버는 편이야."

그런데 부동산을 보는 순간, 자존심은 무너졌다. 강남은커녕, 서울 외곽 소형 아파트도 9억이었다. 대출도 막혔다. 규제가 너무 심했다.

그는 계산기를 꺼냈다. 월 500만 원씩 저축하면, 1년에 6천만 원. 5년 모으면 3억. 그런데 집값은 그새 4억이 올랐다.

"저축보다 더 빠른 속도로 가격이 오른다."

노력으로 안 되는 세계가 있다는 걸 처음 느꼈다. 그래서, 집을 포기한 적도 있었다. 그런데 아이가 성장할수록, 그 선택은 공포가 되었다.

아빠, 우리집은 왜 자꾸 바뀌어?

✱

초등학교 3학년 딸아이가 물었다.

"왜 친구들은 이사 안 가? 우리만 자꾸 이사해?"

아무 말도 할 수 없었다.

학교, 학원, 친구, 동네 편의점, 놀이터, 습관, 기억들. 그 모든 것을 몇 년마다 버려야 하는 삶.

"우리 집은 전세야"라고 말하는 순간, 아이는 집의 개념을 '남의 것'으로 배운다.

"왜 우리 집은 없어요?"

"아빠가 돈을 못 벌어서 그래?"

그 질문은 비수처럼 꽂힌다. 사랑하는 가족 앞에서, 무능한 아빠가 되는 순간이다. 전세 계약은 끝났고, 이번엔 집주인이 실거주를 원했다. 전세금은 올랐고, 이자도 올랐다.

그리고 또 한 번의 이사. 이삿짐센터 직원도 이제 얼굴을 기억한다.

그 모든 시간 동안, '가진 자'들은 자산을 늘렸고, '없는 자'들은 짐을 쌌다.

중년의 위기는 가정이 아니라 집에서 시작된다

✶

40대 중반. 남들 눈엔 안정된 가장으로 보인다.

차도 있고, 애도 있고, 직장도 있고, 아내도 있다. 겉보기엔 괜찮다. 그런데 밤마다 스마트폰으로 부동산 시세를 본다.

강남은 이미 넘사벽이고, 강동, 송파, 마포, 용산도 멀어졌다. 경기 남부도 어렵고, 그나마 가능성 있는 곳은 외곽 재개발.

하지만 정보가 없다. 돈도 없다. 용기도 없다.

"지금 사자니 무섭고, 안 사자니 더 무섭다."

중년의 위기는 외도가 아니라, 집값 그래프를 볼 때 시작된다.

더 이상 물러날 곳이 없다는 공포.

'==지금도 못 사면, 앞으로는 영영 못 산다=='는 직감.

자녀 교육, 결국 입지에서 갈린다

✶

중학생이 된 아들. 이제 고등학교를 바라본다. 엄마는 말한다.

"강남 가야 하는 거 아냐?"

현실은 너무 잔인하다. 강남 8학군은 커녕, 학원도 없는 동네에 살고 있다.

전학을 위해 주소지를 옮기려 하지만, 그건 위장전입이다. 불법이다.

    월세로 강남 원룸을 구하자니, 매달 200만 원씩 나간다. 그 돈이면 차라리… 하지만 현실은 또 다르다.

    강남은 커녕, 송파나 마포도 사교육 중심지로 몰려가고 있다. 집을 산 사람이 아니라, '입지를 산 사람'이 교육에서 이긴다.

    아이는 열심히 공부한다. 그런데 환경이 받쳐주지 않는다. 책상은 좁고, 벽은 얇고, 옆집은 시끄럽다.

"집은 공간이 아니라, 아이의 미래다."

    아이에게 미안하다. 하지만 방법이 없다. 그러다 보면 자신도 모르게 체념하게 된다.

    "우린 그냥 여기까지인가 보다."

지금도 늦지 않았다, 진짜로 늦는 건 멈추는 것이다

※

이제 남은 건 '언제까지 이렇게 살 것인가'의 문제다. 지금 이 글을 읽고 있다면, 당신은 아직 생각하고 있는 사람이다.

    그게 가장 중요한 출발이다.

    지금이라도 늦지 않았다. 정확히 말하면, 지금 시작하지 않으면 정말 늦는다.

    분양권이든, 구축이든, 재개발이든, 지방이든, 수도권이든, 중요한 건 시작이다.

"지금 가진 것보다, 지금 행동하는 것이 더 중요하다."

우리는 너무 오래 기다렸다. 대출 규제, 금리, 경기, 정책, 타이밍, 뉴스. 하지만 진짜 문제는 '나의 망설임'이었다.

집은 자산 이전에, '내 삶의 중심'이다.

내가 머무를 공간, 내 가족이 안심할 수 있는 집, 아이에게 당당한 아빠, 엄마가 되기 위한 최소한의 조건.

그 시작은 지금 이 순간, 당신이 이 글을 끝까지 읽었다는 사실에서 시작된다.

지금, 당신은 집을 살 준비가 되었는가?

아니, 집을 위해 행동할 준비가 되었는가?

부모가 된 이후, 더는 피할 수 없게 된 현실

✵

아이가 초등 고학년, 혹은 중학생이 되면 부모는 더 이상 외면할 수 없다. 학군, 환경, 입지, 모두 눈앞의 문제로 다가온다.

"지금 사는 집에서 고등학교까지 가능할까?"

"이 동네에 남아서 아이가 원하는 진로를 갈 수 있을까?"

문제는 단순한 주거가 아니라 교육이 된다. 그리고 교육은 결국 입지로 이어진다.

아이는 성장하고, 욕구도 커진다. 친구들과 비교하고, 자존감이 생긴다. 그 중심에는 '집'이라는 배경이 놓여 있다. 한 아이는 학원 끝나고 아파트 커뮤니티 센터에서 친구와 놀고, 또 다른 아이는 좁은 골목길 원룸촌을 지나 집으로 돌아간다. 환경은 곧 정서다. 정서는 곧 습관이고, 습관은 미래를 만든다.

부모로서 아이가 어떤 환경에서 살아가고 있는지를 보면, 자신이 어떤 선택을 했는지 돌아보게 된다. 우리는 정말 아이를 위한다고 말하면서, 정작 그 아이의 가장 기본적인 주거 환경조차 확보하지 못한 건 아닐까? 40대 부모의 책임은 단지 경제적인 지원이 아니라, 아이가 자라날 수 있는 '환경'을 만들어주는 것이다. 그 환경의 출발점이 바로 집이다.

이제는 더 이상 외면할 수 없다. '집'은 아이의 미래를 결정짓는 변수다. 지금까지는 그냥 살았다면, 이제부터는 선택이 아니라 전략이 필요하다. 아파트가 전부는 아니지만, 그 입지에 담긴 시스템이 아이의 기회를 결정짓는다. 지금은 교육보다 주거가 중요하다. 그리고 주거가 결국 교육을 만든다. 특히 사춘기를 맞이한 자녀가 있는 집이라면, 더더욱 주거의 중요성은 커진다. 아이는 자아가 형성되는 시기에, 주변 환경의 영향을 고스란히 받는다. 같은 연령대 친구들과 어울릴 수 있는 공동체, 밤늦게도 안전하게 다닐 수 있는 동네 분위기, 그리고 공부할 수 있는 조용한 공간. 이 모든 것이 부모가 만들어줘야 할 '공간적 안정감'이다.

공부를 잘 시키고 싶다면, 책상부터 챙겨줘야 한다. 책상이 놓일 수 있는 방이 있어야 하고, 그 방은 조용해야 한다. 누군가는 당연하게 생각하지만, 누군가에겐 그 당연한 것이 평생 없을 수도 있다. 우리는 그 공간을 '자산'이라고 부르지만, 아이에겐 그것이 '삶의 기본'이 된다.

배우자는 포기하지 않았다, 나는 너무 오래 멈췄다

✳

한밤중, 아내는 중고 거래 앱으로 매물을 뒤적인다. 장난감, 책상, 커튼, 그리고 아파트 시세. 나는 그냥 지나쳤지만, 아내는 끝까지 포기하지 않았다. "당신은 왜 아무것도 안 해?" 그 말은 비난이 아니라 간절함이었다.

남편은 직장에서 지쳐 돌아온다. 아내는 아이와 하루를 버텼다. 서로가 힘들지만, 서로가 원하는 건 다르다. 남편은 "조금 더 있다가"를 말하고, 아내는 "지금도 늦었다"고 말한다. 이 간극은 '집'이라는 현실 앞에서 깊어진다. 서로의 지친 하루는 대화가 아닌 고요한 침묵으로 이어지고, 그 침묵은 결국 거리감을 만든다.

아내는 아이가 자라는 것을 보고 느낀다. 이제는 정말 더 이상 미룰 수 없다는 것을. 주변 친구들이 이사 가고, 더 나은 환경으로 옮기고, 전학도 시키는 모습을 볼 때마다 마음이 조급해진다. 그런데 남편은 여전히 조용하다. 돈이 없다고, 아직은 시기상조라고 말한다. 그 말도 틀린 건 아니지만, 중요한 건 그 '태도'다. 아내가 원하는 건 당장 사달라는 게 아니다. '움직이고 있다'는 믿음, '가족을 위해 노력하고 있다'는 신호, 그것이 필요했던 것이다.

  가족을 위한 선택을 미루는 시간은 곧 사랑을 놓아버리는 시간이기도 하다. 아내는 여전히 가능성을 찾고 있었고, 나는 이미 마음을 접은 채 살아가고 있었다. 아내는 집을 통해 안정을 원하고, 나는 불안을 회피하며 하루를 보냈다. 그렇게 부부는 점점 다른 곳을 바라보게 된다. 말은 통하지만, 마음은 멀어진다.

  가족의 삶은 기다려주지 않는다. 누군가는 움직여야 한다. 그리고 대부분의 가정에서 그 시작은 여전히 '남편'이라는 이름을 가진 사람에게 달려 있다. 아내의 말은 가벼운 불만이 아니라, 가족 전체가 흔들리는 징후일 수 있다. 남편의 침묵이 긴 만큼, 아내의 눈물은 더 깊어진다. 우리가 다시 함께하려면, 가장 먼저 변화해야 하는 것은 결국 나 자신이다.

지금은 '싼 곳'이 아니라 '살 수 있는 곳'을 봐야 할 때

✳

40대가 되면 시세표를 더 자주 본다. 하지만 여전히 '강남', '마용성',

'분당'만 본다. 현실은 외면한 채, 이상만 좇는다. "지금 거긴 너무 올랐어. 이젠 거긴 끝났지."라고 말하지만, 그 말 속엔 한때의 미련과 자책이 섞여 있다.

많은 사람이 그렇게 말한다.

"지금은 타이밍이 아니야."

"금리가 높아서 못 사."

"애들 교육비 때문에 돈이 없어."

모두 맞는 말이다. 그런데도 어떤 사람은 사고, 어떤 사람은 못 산다. 그 차이는 '할 수 있는 것을 했느냐'의 문제다. 이상을 꿈꾸다가는 현실을 잃는다. 지금 내 자산으로 가능한 곳부터 시작해야 한다.

재개발이든, 소형 구축이든, 지방이든 상관없다. 중요한 건 지금 내 자산으로 시작할 수 있는가다. 내 연봉, 내 잔고, 내 가족 상황에 맞는 전략을 짜야 한다. '좋은 곳'이 아니라, '갈 수 있는 곳'을 먼저 봐야 한다. 거기서부터 시작해서 하나씩 옮겨가는 것이다. 그 첫 걸음을 떼야만, 다음 칸으로 갈 수 있다.

많은 이들이 말한다. "예전에 ○○동 살 때 샀어야 했는데." 그런데 그때도 마찬가지였다. 비쌌고, 두려웠고, 고민됐다. 결국 집을 산 사람은 '상황이 좋아서'가 아니라 '행동했기 때문에' 샀다. 나는 지금도 같은 고민을 반복하고 있다면, 결국 10년 뒤에도 똑같은 말을 하고 있을 것이다.

"그때 살걸…"

지금 중요한 건 좋은 조건이 아니라, 내 상황 안에서 가능한 최선이다. 정보는 많지만, 그중에 내가 할 수 있는 게 무엇인지를 골라내는 눈이 필요하다. 그 눈은 공부로 만들어진다. 그리고 그 실행은 의지에서 비롯된다.

결국 집은, 가족에 대한 책임의 다른 이름이다

✳

사랑한다고 말하는 것은 쉽다. 하지만 가족을 위한 '공간'을 만드는 건 그보다 훨씬 현실적인 사랑이다. 따뜻한 말보다, 따뜻한 방 하나가 가족을 더 편안하게 만든다. 고단한 하루 끝에 돌아올 수 있는 공간. 그것이 진짜 배려다.

우리는 가족을 사랑한다고 말한다. 하지만 그 사랑은 막연한 감정이 아니다. 살아가는 하루하루 속에서 표현되고 실천되는 구체적인 형태다. 그 구체적인 형태의 시작이 바로 '주거'다. 매일을 보내는 공간, 하루를 마무리하는 방, 식탁에 둘러앉는 거실. 이 모든 것이 우리의 관계를 지탱하는 실체다.

아이의 정서적 안정, 배우자의 휴식, 부모로서의 책임감. 이 모든 것이 공간 안에서 완성된다. "이 집은 우리 집이야."라고 말할 수 있을 때, 그 안에 있는 사람들은 안심한다. 그 안심이 쌓여 신뢰가 되고, 그 신뢰가 모여 사랑이 된다.

지금 당신이 고민하는 모든 문제 — 아이 교육, 배우자의 스트레스, 노후 걱정 — 그 중심에는 결국 집이 있다. 집이 안정되면 부부의 갈등도 줄고, 아이의 불안도 줄고, 미래를 계획할 수 있는 여유가 생긴다.

가족을 지키고 싶다면, 집부터 지켜야 한다. 이사 갈 집이 아니라, 머물 수 있는 집. 불안한 임대가 아니라, 확실한 소유. 미래의 꿈보다, 오늘의 현실을 먼저 잡아야 한다.

집을 갖는다는 것은 단지 부동산을 취득하는 게 아니다. 가족의 중심을 확보하는 일이다. 그 중심이 잡히면, 가족은 흔들리지 않는다. 지금 내가 내리는 결정이 단지 내 삶이 아니라, 내 가족 전체의 삶을 바꾸는 출발점이 될 수 있다.

당신이 가족에게 줄 수 있는 최고의 선물은 그저 "이 집은 우리 집이야"라고 말할 수 있는 오늘의 선택이다. 그 선택이 10년 뒤 가족의 삶을 바꾸고, 당신 자신을 지켜주는 유일한 울타리가 될 것이다.

40대가
절대 하지 말아야 할 10가지

1. 집값은 더 떨어질 거라는 믿음

기다리다 기회도 사라진다. 40대는 '하락론'이 아니라
'현실론'으로 판단해야 할 때다.

....

2. 무주택 프리미엄에 기대며 전세로 버티는 것

무주택이 유리하던 시대는 끝났다.
시간이 갈수록 대출도, 혜택도, 기회도 줄어든다.

....

3. 실거주 없이 투자부터 하려는 것

요즘은 갭투자보다 실거주가 프리패스다.
세금도, 대출도 실거주 우선으로 바뀌었다.

....

4. 지방 신축이 싸다고 무턱대고 매수하는 것

싸게 산 게 아니라 못 파는 걸 샀다면, 결국 평생 발목 잡힌다.
입지 우선이 철칙이다.

5. 패닉바잉 물건을 '그냥 들고' 있는 것

대출이자에 눌리고 전세도 빠지면, 이건 내 집이 아니라 짐이다.

매도 전략은 필수다.

6. 소득보다 과도한 대출에 기댄 매수

40대는 원금상환이 시작되는 시기다.

월 300씩 나가면, 가족 삶이 먼저 무너진다.

7. 투자를 핑계로 노후 준비를 미루는 것

'나중에 팔면 되지'는 위험하다.

지금은 '팔 수 있는 아파트'를 갖는 게 노후 준비다.

8. 오피스텔, 상가로 눈 돌리는 것

정답은 단 하나, 아파트다.

수익형 자산은 환금성도 떨어지고, 규제도 세다.

아파트는 보유만 해도 오르고, 필요하면 언제든 팔 수 있다.

리스크 줄이고 수익 챙기려면, 아파트 한 채에 집중하라.

다른 자산은 몰라도, 아파트만큼 강력한 '자산+보장+레버리지'는 없다.

9. 강남은 이미 늦었다며 포기하는 것

진짜 늦은 건 안 산 사람이다. 강남은 지금도 늦지 않았다.
아니면 그 흐름을 따를 지역을 찾아야 한다.

10. 과거 가격에 집착하며 현재를 부정하는 것

"그때 살걸"은 반복되는 후회의 공식이다. 지금을 사는 사람이 결국 이긴다.

50대, 아이는 대학생이 되었고 집은 아직도 없다

04

은퇴는 다가오고, 자녀는 커버렸다

✳

50대. 머리는 희끗해지고, 아이는 대학생이 되었다. 시간은 흘렀고, 인생은 절반을 넘었다. 하지만 집은 여전히 없다.

퇴직금은 아직도 저 멀리 있다. 하지만 자녀 등록금은 지금 당장 필요하다. 학자금 대출을 받아야 하고, 기숙사도 경쟁이 치열하다.

그 와중에 전세 계약이 만료됐다. 집주인이 올려달란 전세금이 무려 1억. 그 돈이 어디 있냐고 말하려다, 입을 닫았다.

"이제는 정말 살면서 한 번쯤은 내 집이 있을 줄 알았다."

하지만 지금도 그 꿈은 멀기만 하다. 그 사이 친구는 집을 두 채나 더 샀고, 나는 여전히 남의 집에 살고 있다.

퇴직이 두려운 게 아니다. 집 없는 상태로 맞는 노후가 두렵다.

연봉은 멈췄고, 집값은 멈추지 않았다
✴

50대의 현실은 명확하다. 연봉은 더 이상 오르지 않는다. 승진도 한계, 직무 변경도 불안하다.

하지만 집값은 여전히 불안정하게 오른다. 2020년대 초반, 서울 평균 아파트값은 13억을 넘겼다. 지금은 조정기라고 하지만, 체감은 여전히 높다.

나는 30년 일했는데, 집은 여전히 없다. 내가 월급을 받을 때마다, 집값은 그보다 더 빠르게 올라갔다.

"노력으로 따라잡을 수 없는 차이. 그것이 자산 격차다."

돈을 벌기 위해 시간을 팔았지만, 집은 시간을 무기로 나를 이겼다.

내 아이는 기숙사, 친구 아이는 오피스텔
✴

대학에 간 아이. 서울로 진학했다. 기숙사는 경쟁률이 높아 떨어졌고, 부득이하게 서울 외곽에 월세방을 얻었다.

방세는 70만 원. 관리비까지 85만 원. 아이가 쓰는 돈이 아니라, 부모가 버는 돈에서 나간다. 옆자리 동료는 말했다.

"우리 애는 신촌 오피스텔 얻어줬어. 그냥 내 명의로."

같은 회사, 같은 직급, 같은 연차인데, 자산이 다르니 아이의 환경도 달랐다.

"자산은 대물림되고, 기회는 분기점에서 갈린다."

그때 처음 느꼈다. 나는 내 아이에게 물려줄 게 없다는 걸.

퇴직이 아니라 퇴로가 없다

✶

직장에서 후배들은 점점 많아지고, 내 자리는 점점 무거워진다.

이직은 힘들다. 새로운 일을 배우기도 어렵다. 하지만 가장 큰 문제는, 내가 퇴직을 하게 되면 '당장 살 곳이 없다'는 사실이다.

전세 자금의 이자는 계속 오르고, 퇴직금으로 집을 사기에는 턱없이 부족하다.

그렇다고 갭투자도 두렵다. 재개발? 분양권? 너무 늦은 건 아닐까?

"50대는 선택이 아니라 결단의 시간이다."

망설일 여유가 없다. 이제는 무언가를 해야 한다. 하지만 무엇을, 어떻게 해야 할지 모르겠다.

친구는 벌써 은퇴 후 이사 준비 중이다

✳

고등학교 동창 모임. 술 한 잔 기울이며 친구가 말했다.

"나는 2년 뒤 퇴사하려고. 지방에 집 샀거든."

놀랐다. 그는 나와 비슷한 직장인이었다. 그런데 어느 순간부터 조금씩 다른 선택을 해왔단다.

청약, 분양권, 구축 매수, 리모델링. 그는 꾸준히 움직였고, 나는 머뭇거렸다.

그 차이는 시간이 갈수록 커졌다.

"가만히 있으면 제자리인 줄 알았는데, 뒤로 밀리는 중이었다."

그 말이 머릿속에서 떠나지 않았다.

내년이면 환갑인데 아직 대출이 있다

✳

하루는 은행 문자로 눈을 떴다.

"고객님의 대출 상환일이 도래하였습니다."

10년 전 받았던 전세자금 대출, 지금도 상환 중이다.

이자가 오르면서 원금은 줄지 않았고, 집은 여전히 남의 것이다.

연금은 아직 안 나오고, 퇴직금은 집주인에게 보증금으로 들어갔다.

어느새 '대출'이라는 단어가 내 인생에 너무나 자연스러워졌다.

"갚는 데 20년, 남는 건 허탈함 뿐이었다."

늦게 시작해도, 안 하는 것보단 낫다

∗

50대에도 기회는 있다. 하지만 그 기회는 더 이상 눈앞에 떨어지지 않는다.

재개발의 흐름, 입지의 가치를 파악해야 하고, 대출의 조건, 세금의 변화, 정책의 방향도 이해해야 한다.

그것이 귀찮고 복잡하다고 말하는 순간, 나는 다시 과거의 나로 돌아간다.

"지금이라도 알아야 한다. 그리고 움직여야 한다."

당신의 50대가 끝나기 전에, 단 한 채라도, 당신의 집을 만들어야 한다.

그게 자녀에게 줄 수 있는 최소한의 안전망이고, 당신의 노후에 남을 유일한 자산이다.

"아직 늦지 않았다. 단, 더 미루면 정말 늦는다."

자산이 아니라 기회가 부족했던 것

✶

돌아보면 나는 단 한 번도 '자산'이라는 개념을 제대로 이해하지 못한 채 살아왔다. 자산이란, 단지 돈 많은 사람들만의 이야기인 줄 알았다. 하지만 실상은 달랐다. 자산은 기회의 다른 말이었다. 집을 가진 사람은 계속 집을 늘려갔고, 집이 없던 사람은 계속 머물 곳을 찾아다녔다.

내가 일하는 동안, 다른 사람은 전세를 끼고 집을 샀다. 내가 저축을 할 때, 누군가는 대출을 지렛대 삼아 시세차익을 봤다. 나는 '안전한 선택'을 했다고 생각했지만, 그건 '행동하지 않은 선택'일 뿐이었다.

"자산 격차는 노력 격차가 아니다. 정보와 실행의 차이일 뿐이다."

나는 너무 늦게 알았다. 그리고 아직도 늦었다고만 생각하고 있다. 하지만 지금 이 시점에서라도 생각을 바꿔야 한다. 자산은 복권이 아니라, 공부하고 실행한 사람에게 주어지는 현실이다.

지금 당장은 어렵고 불안할 수 있다. 그러나 '처음이 두려운 것'일 뿐이다. 작은 전세금으로도, 소형 구축으로도, 재개발 지역의 틈새로도 시작은 가능하다. 중요한 건 크기가 아니라 방향이다.

집 없는 노후는, 단지 주거 문제가 아니다

✱

60세 정년. 퇴직 후 나의 삶은 어떤 모습일까? 국민연금과 퇴직금, 약간의 개인연금이 전부다. 하지만 월세는 줄지 않는다. 병원비, 자녀 결혼비용, 부모 봉양. 지출은 줄지 않고, 수입은 멈춘다. 그리고 집이 없다면, 이 모든 지출에 '거주비'라는 또 다른 무게가 더해진다.

노후는 단순히 돈의 문제가 아니다. 집이 없으면, 모든 게 불안해진다. 건강이 나빠져도 이사를 고민해야 하고, 이웃과의 관계도 매번 새롭게 시작해야 한다. 안정감은 사라지고, 체력과 정신력은 점점 소진된다.

"노후에 필요한 것은 자산보다 안정이다. 그리고 그 시작은 집이다."

집이 있으면 한 달에 수십만 원의 고정지출이 줄어든다. 병원과 마트를 중심으로 동선도 짧아진다. 동네 주민들과의 친밀함도 쌓인다. 단순한 벽과 천장이 아니다. '익숙함'이라는 자산이 된다.

노후의 삶을 존엄하게 지키는 데 필요한 첫 조건은, 바로 내 이름으로 된 집이다. 그 집 하나가 없을 때, 노후는 두려움의 연속이 된다.

지금이라도 내 집을 갖기로 결심한다면

✶

이제 중요한 건 하나다. "나는 지금부터 어떻게 살 것인가." 단 한 채의 집을 갖는다는 것은 더 이상 욕심이 아니다. 그것은 생존이고, 보호막이며, 나와 가족의 존엄에 대한 최소한의 조건이다.

지금도 늦지 않았다. 만 55세라도, 아직 5년 이상 일할 수 있다면 대출이 가능하다. 분양권 투자든, 재개발이든, 지방의 소형이든, 지금은 '가격'보다 '실행'이 중요하다. 타이밍은 시장이 주는 것이 아니라, 내가 결정하는 것이다. 나는 과거를 후회하며 시간을 흘려보냈다. 하지만 더 이상은 안 된다. 더 늦기 전에, 작은 집이라도, 오래된 집이라도, 지금 시작해야 한다.

"지금의 결심이 10년 뒤 나의 삶을 지킨다."

10년 뒤, 자녀가 결혼하고 나는 은퇴했을 때. "그래도 우리 가족은 집 하나는 있다."라고 말할 수 있어야 한다. 그것이 당신이 할 수 있는 최고의 가족 사랑이며, 가장 현명한 선택이다.

이제는 기다릴 이유가 없다. 지금, 이 글을 다 읽은 당신이라면, 움직일 이유만이 남았다. 늦은 나이에도 시작했다는 것, 그 자체가 위대한 전환점이다.

자, 이제 당신은 결심할 차례다. '집이 없는 삶'에서 '집을 가진 삶'으로, 오늘부터 한 걸음 내딛자.

50대가 절대 하지 말아야 할 10가지

✶ 이제는 '배치'의 시간 ✶

1. 퇴직 전에 대출 전략을 세우지 않는 것

50대는 대출의 끝자락이다.
퇴직하면 소득 증빙이 어렵고, 대출 한도는 확 줄어든다.
지금 대출 안 받으면, 이후엔 현금 박치기 인생이다.

....

2. 퇴직금을 아파트가 아닌 예·적금에 넣는 것

은행에 넣으면 안정은 되지만, 불안은 못 막는다.
인플레이션 앞에선 현금은 녹는다.
아파트는 '쓸 수 있는 자산'이자, '살 수 있는 노후'다.

....

3. 이사 갈 집 없이 퇴직하는 것

퇴직 후에 집을 옮기려고? 이미 체력도, 대출도 부족하다.
이사는 50대에 마무리해야 한다.
좋은 입지로, 무리 없는 구조로, 미리 움직여야 한다.

....

4. 노후엔 작은 집이면 된다는 착각

작고 불편한 집은 결국 나를 가둔다.

병원, 교통, 안전 모두 좋은 입지 아파트에서만 가능하다.

나이 들수록 좋은 아파트 하나가 최고의 보험이다.

5. 공실 위험 높은 수익형 자산에 집착하는 것

상가, 오피스텔, 지방 아파트…

한 번 공실 나면 그 구멍은 노후 전체에 타격을 준다.

50대는 리스크보다 확정성과 환금성이 핵심이다.

6. 자식 결혼 자금으로 내 집을 파는 것

자식은 결혼했지만, 부모는 집 없이 남는다.

집은 쪼개서 도와주는 게 아니라, 지켜야 할 기반이다.

집 팔아 결혼 도와준 부모의 70대는 대부분 후회로 남는다.

7. 강남은 끝났고, 지방은 싸다고 사는 것

입지 없는 아파트는 아무리 싸도 '출구'가 없다.

50대는 되팔 수 있는 걸 사야 한다.

'싸다'보다 '팔린다'가 먼저다.

8. 자녀가 도와줄 거라는 막연한 기대

자식도 자기 살기 바쁘다.

노후는 각자도생 시대, 결국 내 집이 나를 지켜줄 뿐이다.

9. 오래된 집이라도 정들었다고 안 파는 것

추억은 남기되, 자산은 움직여야 한다.

살기 불편한 구축은, 팔 시기도, 수요도 사라진다.

팔릴 때 팔아야 자산이 살아있다.

10. 아직도 아파트가 전부가 아니라고 믿는 것

50대 이후, 집 한 채가 전 재산이 될 수 있다.

그 한 채를 어떻게 선택하느냐에 따라 삶의 마지막 30년이 결정된다.

결국 답은 늘 하나였다. 아파트.

60대, 은퇴했지만
집은 여전히 남의 것

05

이제는 일하지 않는데, 집세는 계속 나간다

✶

60대, 은퇴를 했다. 출근하지 않는 아침이 처음엔 낯설고 조금은 좋았다. 일하지 않아도 되는 여유가 왠지 오랜 휴가처럼 느껴졌다. 하지만 일주일도 채 되지 않아 걱정이 밀려왔다. 아침이 되면 더 이상 나갈 곳이 없고, 점심이 되면 또 한 번 카드값이 찍힌다. 하루는 느리게 가는데, 통장은 빠르게 비워진다. 무엇보다 고정적으로 나가는 전세자금 대출 이자, 혹은 월세 비용은 너무나 현실적인 압박이다.

"이제 돈은 들어오지 않는데, 나가는 돈은 그대로다."

퇴직금은 이미 큰 비중이 집주인에게 보증금으로 들어갔다. 월세는 국민연금보다 빠르게 계좌를 비운다. 자산이 없다 보니, 연금도 충분하지 않았다. 국민연금 100만 원 남짓. 이걸로는 집세와 생활비를 감당할 수 없다. 전기세, 수도세, 통신비, 병원비, 교통비. . . 생각보다 많은 고정지출이 있다. 노후는 지출이 줄어드는 시기가 아니라, 수입이 끊기면서 지출은 그대로 유지되는 시기라는 걸 돈으로 실감하게 된다.

그때서야 알았다. 집 없는 노후는, 단순한 불편이 아니라 생존의 문제라는 것을. 단 하루의 여유도, 집이 없으면 사치였다. 한 달 살기도 벅찬 삶에서 은퇴는 그저 '수입 없는 상태'일 뿐이었다.

내 집이 없다는 사실이 체면을 무너뜨린다

✶

어느 날, 손주가 놀러 오고 싶다고 했다. 손주를 보기만 해도 기쁜 나이, 그런데 망설여졌다. 우리 집은 너무 좁고, 낡고, 시끄러웠다. "할아버지 집엔 놀러 가지 말자" 손주가 그렇게 말했다고 아내가 조심스레 전해줬다. 가슴이 무너졌다. 그 말이 상처로 남았다.

같은 또래 친구는 강남권 대형 평형에 산다. 20대 때 나와 비슷한 월급, 비슷한 환경에서 출발했던 친구였다. 그 친구는 30대 초반에 과감히 아파트를 매수했고, 40대에 갈아타기를 반복하더니, 지금은 반포에 있는 50평대 대형 평형 아파트에서 산다. SNS엔 여유로운 아침 풍경, 고급진 식탁, 탁 트인 한강 뷰가 올라온다. 반려견과 산책하는 사진, 손주들이 웃고 있는 모습, 평범하지만 풍요로운 삶의 흔적.

"그걸 보고 있는 나의 아침은, 고요하지만 참담하다."

나는 평생 가족을 위해 산다고 생각했다. 학원비, 생활비, 경조사비. 줄곧 희생하고 아꼈다. 그런데 지금, 가장 기본적인 '집' 하나 마련하지 못한 것이다. 체면이 무너졌다. 자존심이 무너졌다. 그리고 무엇보다 자신감이 사라졌다. 누구 앞에서도 당당하지 못한 인생이, 은퇴 후에야 너무 분명히 보였다.

집 없이 늙는다는 건, 상상보다 더 무섭다

✳

노후가 막연히 두려운 줄 알았다. 하지만 진짜 무서운 건, 그 두려움이 점점 현실이 되는 것이다. 병원에 가야 할 일이 늘어났다. 정기검진, 관절 통증, 고혈압, 당뇨. 그리고 이 집, 전세 계약이 곧 끝난다. 집주인이 실거주하겠다고 한다. 다시 이사를 가야 한다.

"60대에도 짐 싸는 인생이라니."

몸이 예전 같지 않다. 무거운 짐을 들기도 힘들고, 낯선 동네에 적응하는 것도 버겁다. 병원은 멀고, 마트는 언덕 위다. 매일이 불편함 속에 있다. 아내는 말이 없어졌다. 말 대신 인터넷으로 지방 아파트

분양 공고를 찾아본다. 하지만 그런 광고는 늘 허황되게 보였다. 그게 정말 우리에게 가능한 걸까?

뉴스를 보면 "지방 분양 대박"이라든가 "청약경쟁률 수백대 일"이라고 하지만, 그건 젊은 사람들의 이야기다. 우리는 청약 통장도 오래전에 해지했고, 지금은 아무 정보도, 여유도, 체력도 없다. 그저 불안함만 있다.

내 아이가 결혼할 집도 마련 못 해준다

✳

아들은 결혼을 앞두고 있다. 예비 며느리와 양가 상견례를 했다. 그 자리에서 나온 말. "신혼집은 어떻게 하실 계획이세요?" 그 순간, 아무 말도 못했다. 아내는 물을 마시며 눈을 피했고, 나는 괜히 휴대폰을 만지작거렸다.

결국 아들과 예비 며느리가 대출을 받아 서울 외곽에 전세를 구했다. 보증금 일부는 우리가 도왔다. 그 돈, 원래 우리 노후자금이었다. 하지만 말할 수 없었다. "아버지 체면이란 게 있지 않나."

딸은 아직 미혼이다. 언젠가는 그 아이도 결혼할 것이다. 그때도 똑같이 아무것도 못 해준다면⋯ 부모로서 자격이 있는 걸까? 단 한 채의 집도 없이, 자식에게 아무것도 넘겨줄 수 없는 현실. 그게 가장 비참했다.

아버지가 자식의 짐이 되는 순간. 그 말이 나에게 현실이 되지 않기를 바랄 뿐이다. 그래서 하루하루가 조심스럽다. 더는 실수하지 않겠다는 생각뿐이다.

결국 우리, 마지막 기회를 찾고 있다

✳

이제는 과감해져야 했다. 지금 하지 않으면, 이젠 정말 기회가 없다는 걸 알았다. 수도권은 어렵다. 서울은 더더욱 불가능하다. 그래서 지방을 알아보기 시작했다. 지방 재개발, 지방 분양권, 또는 아예 오래된 구축. 살아보고, 월세 놓고, 언젠가 올라가면 좋고.

"이제라도 내 이름으로 된 등기 하나 만들고 싶다."

더 이상 재산 불리려는 생각은 없다. 이름 앞에 '소유자'라는 두 글자가 붙는 것. 그거 하나면 충분했다. 아내도 동의했다. "이제 우리도 주인이 되자." 아내의 말 한 마디에 눈물이 났다. 그 말은 단순한 선언이 아니라, 우리 부부가 살아온 인생 전체를 관통하는 슬로건이었다.

부동산 공부를 다시 시작했다. 전세가율, 분양가 상한제, 청약 조건. 처음엔 낯설었지만, 하루하루 익숙해졌다. 생각보다 기회는 있었다. 지방 소도시엔 아직 가격이 낮은 매물도 있었다.

노후, 결국 집이 있느냐 없느냐의 문제다

✳

많은 책들이 말한다. 노후에는 건강, 관계, 취미가 중요하다고. 하지만 그 모든 것은 '집이 있을 때' 이야기다.

"집이 없으면, 병원도, 모임도, 취미도 사치다."

내가 아픈데 병원 가까운 곳으로 못 옮긴다. 내가 외로운데 사람들을 집에 부를 수 없다. 내가 심심해도 여유가 없다. 집은 노후의 시작이고, 중심이고, 종착지다.

우리는 평생 일을 했다. 그런데 그 끝에, 아무것도 남지 않았다면 무언가 잘못된 거다. 그래서 우리는 이제라도 늦게라도 무언가를 하기로 결심했다.

내 이름으로 된 집, 단 한 채의 기적

✳

지방 소도시. 지하철도 없고, 대단지도 아니다. 하지만 작은 아파트 하나를 계약했다. 20평대의 구축. 낡았지만, 확실히 싸다. 조금 수리해서 월세를 놓기로 했다.

수익은 크지 않다. 하지만 이건 자존심의 문제였다.

"이 집은 내 이름으로 된, 처음이자 마지막 자산이다."

그 집에 아이들이 올 수도 있고, 우리 부부가 잠시 머물 수도 있고,

언젠가 손주가 뛰어놀 수 있다. 물론 늦었다. 하지만 지금 안 했으면, 영원히 못 했을 것이다. 지금도 당신이 이 글을 읽고 있다면, 당신에겐 아직 기회가 남아 있다.

"그리고 진짜 중요한 건, 지금이라도 시작하는 용기다."

한 채의 집이 주는 심리적 안정

✷

처음으로 등기를 받아든 날, 손이 떨렸다. 잔금을 치르고, 부동산에서 등기부등본을 확인했을 때, 거기엔 내 이름이 있었다. 아무도 몰랐지만, 그 순간 나는 조용히 울었다. 종이 한 장이었지만, 그 안엔 지난 인생이 담겨 있었다.

집이 있다는 건, 단순히 물리적 공간이 아니라 정신적 안식처를 얻은 것이다. 불안했던 잠자리가 달라졌고, 미래에 대한 막연한 공포가 줄었다. 내가 선택한 작은 아파트는 아파트라기보다 안심의 상징이었다.

지금은 노후생활이 크게 바뀌지 않았지만, 달라진 건 '마음'이다. 더 이상 계약 기간을 신경 쓰지 않아도 되고, 매번 짐을 싸야 한다는 불안에서 벗어났다. 아내와 나는 매일 아침 커피를 마시며 창밖을 본다. 작지만 나만의 풍경이다. 그게 삶을 바꾼다.

작은 집이라도, 내 삶의 중심이 된다

✶

사람들은 종종 말한다. "그 나이에 그 집으로 만족하겠어?"라고. 하지만 살아보면 안다. 집의 크기가 중요한 게 아니라, 내가 주인이라는 사실이 중요하다는 걸.

작은 주방, 오래된 욕실, 낡은 바닥. 그래도 모든 공간이 내 마음대로 바꿀 수 있는 공간이 됐다. 칠이 벗겨진 벽도, 삐걱대는 문도, 이제는 내 손길이 닿는 내 공간이다.

우리는 그 집에 식탁을 놓고, 커튼을 바꾸고, 손주들 사진을 걸었다. 이 집은 비록 크지 않지만, 이 안에서 우리 부부는 서로를 더 많이 이해하게 되었다. 매일 집을 닦고, 꾸미는 일상이 노후의 삶을 윤택하게 만든다.

지금도 늦지 않았다, 단 한 번의 결단

✶

돌이켜보면, 나는 너무 많은 기회를 지나쳤다. 청약도, 분양도, 구축도, 매번 망설였다. 그리고 어느새 은퇴했고, 남은 것은 후회뿐이었다. 하지만 지금 단 하나라도 내 이름의 집이 생긴 뒤, 내 삶은 다시 움직이기 시작했다.

지금 이 글을 읽는 누군가가 있다면 말하고 싶다.

"지금이 마지막 기회일 수도 있다. 하지만 마지막은 또 다른 시작이 될 수도 있다."

세상은 계속 변한다. 기회는 계속 줄어든다. 하지만 당신이 지금 움직이면, 그건 미래의 당신을 지키는 첫걸음이 된다.

노후는 돈보다도, '지킬 수 있는 공간'이 있어야 한다. 그 공간이 바로 집이다. 지금 이 순간, 망설임을 멈추고, 작더라도 움직여라. 그리고 당신 이름이 적힌 등기를 받는 그 날, 당신은 인생을 다시 시작하게 될 것이다.

60대가 절대 하지 말아야 할 10가지

✱ 집 한 채가 생존이다 ✱

1. 집 없이 연금만으로 살 수 있다고 믿는 것

연금은 생활비의 일부일 뿐이다.
월세 100만 원 내면서 사는 60대는 그 순간부터 적자 인생이다.
내 집 하나가, 가장 강력한 노후 방어막이다.

2. 언제든 이사할 수 있다고 착각하는 것

체력도 없고, 대출도 없고, 이미 갈 집, 살 집 다 정해놓지 않으면
옮기기 힘들다. 이사도 전략이다. 60대는 실행이 아니라 완성의 시간이다.

3. 과거의 영광에 집착하는 것

"예전에 이 집 얼마였는데…" 그런 기억은 통장이 아닌 발목을 붙잡는다.
지금 가격, 지금 수요로 판단하라. 감정은 이제 의미 없다.

4. 상가나 오피스텔로 월세 받으려는 것

한 달 100 받으려다, 6개월 공실에 피눈물 난다.
공실은 노후에선 치명상이다.
팔릴 수 있고, 거주 가능한 아파트가 최종 방어선이다.

5. 자녀에게 의지하려는 것

자식도 버겁다. 당신의 집이 없으면, 자식의 삶도 흔들린다.

'내가 짐이 되지 않을 권리'는 내 집이 지켜준다.

6. 건강이 허락되면 뭐든 할 수 있다고 믿는 것

병원 한 번 가기 힘든 입지에 사는 순간,

집이 감옥이 되고, 삶이 외로움이 된다.

병원, 대중교통, 시장 모두 가까운 아파트가 생존이다.

7. 지방 전원주택, 시골살이에 로망 갖는 것

현실은 외로움, 고립, 관리 스트레스의 연속이다.

아프면 병원도 멀고, 도와줄 사람도 없다.

60대는 로망이 아니라, 시스템 안에서 살아야 한다.

8. 집을 자식에게 넘기고 전세로 사는 것

전세가 끝나면? 자식은 사정 있고, 나는 갈 곳이 없다.

집은 살아 있는 동안 내 이름으로 갖고 있어야 한다.

9. 팔릴지 말지 모를 집을 끝까지 들고 있는 것

수요 없는 지역, 구축, 엘리베이터 없는 빌라…
10년 후엔 팔고 싶어도 사는 사람이 없다.
지금 팔고 팔리는 입지로 갈아타야 한다.

10. 이젠 부동산은 끝났다고 생각하는 것

끝난 건 내 체력과 대출 한도일 뿐, 집은 여전히 기회고, 방어고, 존엄이다.
결국 남는 건 '아파트 한 채가 지켜준 삶'이냐, '집 없이 흔들린 노후'냐의
차이일 뿐이다.

70대, 자식에게 용돈을 받는 날이 올 줄은 몰랐다

06

노후는 자유가 아니라 외로움이었다

✻

70대. 은퇴한 지 벌써 10년이 넘었다. 한때는 "언젠간 쉬고 싶다"고 말했지만, 막상 시간이 주어지고 보니 그건 자유가 아니었다. 외로움이었다. 아내와 단둘이 있는 시간은 길어졌다. 하지만 대화는 줄어들었다. 서로 피곤한 눈빛만 주고받는다. 텔레비전 소리만 커지고, 식사 시간도 점점 짧아졌다.

무엇보다 몸이 예전 같지 않다. 허리 통증, 무릎 통증, 눈은 침침하고 약 봉투가 매일 바뀐다. 병원에서 보내는 시간이 많아지면, 그게 노후의 전부라는 말을 실감하게 된다. 병원은 멀고, 대중교통은 불편하고, 더 이상 새로운 사람도 만나지 않는다. 아내와도 대화보단 침묵이 많아진다. 그렇게 매일 반복되는 시간 속에서, 나는 점점 작아지고 있었다.

책을 보려 해도 눈이 침침하고, 산책이라도 나가려 해도 다리가 아프다. 그렇게 하루하루 침대 위에서 보내는 시간이 늘어난다. 누군가는 노후를 '자유'라 말하지만, 내게는 점점 고립되고 마는 '정적'이었다. 텅 빈 하루를 채우는 건 TV 재방송뿐, 전화 한 통조차 뜸한 고요함 속에서 나는 서서히 사라지고 있었다.

창밖을 보며 멍하니 시간을 보낸다. 햇살은 따뜻하지만, 내 마음은 쓸쓸하다. 때때로 친구의 부고 소식이 들려온다. 그때마다 삶이 더욱 덧없게 느껴진다. 사람은 점점 줄고, 목소리도 잦아든다. 노후는 자유가 아니라 고립이고, 외로움이다.

용돈을 주던 내가, 받게 되었다

✶

한때는 자식에게 매달 용돈을 줬다. 명절이면 두둑이 챙겨주고, 손주 장난감도 사줬다. 어깨를 펴고 아버지 노릇을 했다. 하지만 지금은 그 반대다. 아들이 매달 생활비라며 30만 원씩 계좌에 입금한다. 딸도 종종 반찬이나 간식을 보내준다.

처음엔 고마웠다. 그리고 그다음엔 미안했다. 지금은 창피하다.

그 돈이 없으면 병원도 못 가고, 밥상에 고기도 오르지 않는다. 생활이 가능하려면 그 돈이 꼭 필요하다. 그게 너무 서글프다. 나는 자식의 도움 없이는 살아갈 수 없다는 현실을 받아들이기까지 오랜 시간이 걸렸다.

내 자식이 40대, 50대가 되었다. 그 아이들도 교육비와 생활비로 빠듯한 걸 알기에 더더욱 미안하다. 그런데 나도 어쩔 수 없다. 연금은 100만 원이 안 되고, 의료비, 공과금, 생활비를 빼면 매달 적자다. 병원비, 약값, 각종 공과금이 쌓이면 금세 바닥난다. 나는 평생 일했다. 그런데 노년의 나는 지금 자식에게 의존하고 있다. 이게 내가 원한 삶이었을까?

과거엔 내가 준 돈으로 자식들이 학비를 냈고, 해외여행도 갔다. 하지만 지금은 반대다. 그들은 내 병원비를 걱정하고, 내가 혹시 식사를 거르진 않았는지 확인한다. 나는 아버지에서 점점 아이가 되어가는 기분이다. 시간을 거스르듯, 부모의 위치가 점점 바뀌어간다. 이건 단순한 경제적 역전이 아니라, 정서적인 역할의 교체다.

자식에게 짐이 되고 싶지 않다

✶

손주가 대학생이 되었다. 축하해주고 싶었다. 용돈을 주고 싶었다. 아니, 줘야 했다. 하지만 통장에 잔액이 없었다. 할 수 있는 건, 축하

문자를 보내는 것뿐이었다. 아무것도 하지 않으면 실망도 없겠지 싶었지만, 마음은 편치 않았다.

그날 저녁, 아내가 말했다.

"여보, 다음 달엔 꼭 주자. 우리도 체면이 있잖아."

우리는 그렇게, 체면 때문에 카드론을 신청했다. 다음 달 연금에서 갚을 수 있으리라 믿으며, 그렇게 작은 빚을 더했다. 그 빚은 단지 돈이 아니라 체면이었다. 존엄을 지키기 위한 몸부림이었다.

자식에게 부담이 되고 싶지 않았다. 그게 노인의 마지막 자존심이라고 믿었다. 하지만 현실은 그 자존심을 지킬 힘마저 없게 만들었다. 자존심은 통장 잔고 앞에서 매번 무너졌고, 카드값이 밀릴까 봐 불안에 떨었다. 사소한 통신비나 관리비가 밀리는 일조차 두려워졌다. 그 작은 고지서 한 장이, 내 삶의 위태로움을 상징하는 것처럼 느껴졌다.

나는 아버지다. 그 이름에 걸맞게 살고 싶었다. 하지만 지금 나는 자식에게 걱정을 주는 존재가 된 것 같았다. 그 생각이 나를 더 초라하게 만들었다. 눈앞에서 웃는 손주를 보며, 나는 마음속으로 또 한 번 다짐했다. '언젠간, 내가 다시 선물해줄 수 있을 거야.'

내 이름으로 된 집 하나 없다는 사실

✳

70대에도 아직 전세살이 중이다. 이제는 이사도 쉽지 않다. 짐이 많아서가 아니다. 체력과 의욕이 없다. 집주인이 나가달라고 하면 어디로 가야 할지 막막하다. 이삿짐을 옮길 힘도, 마음도 없다.

아파트 입구에 오르는 계단이 점점 힘들어지고, 엘리베이터 없는 구축은 고통이다. 어릴 땐 단련이라 생각했던 계단이 지금은 공포다. 하루 한 번 내려가는 것도 힘들다. 병원 다녀오면 이틀은 누워 있어야 한다.

지방이라도 좋다. 작아도 괜찮다. 내 이름으로 된 집, 딱 하나만 있었으면 좋겠다. 평생 집 없이 살아왔는데, 마지막까지 남의 집에 살아야 하는 걸까. 나중에 떠나고 나면, 이삿짐을 싸는 일조차 자식에게 넘겨야 한다. 남겨진 건 보증금뿐인데, 그것마저 남은 빚과 의료비로 사라질까 두렵다.

집값이 문제가 아니라, 집이 없다는 사실이 주는 위축감이 더 힘들다. 집 없는 노인은 '어디 가야 할지 모르는 사람'이다. 나이 들수록, '내 자리'가 점점 절실해졌다. 집은 더 이상 사치가 아니다. 집은 나의 마지막 정체성이다.

내 친구는 은퇴 후에 더 여유로워졌다

✳

같이 직장 다녔던 친구가 있다. 그 친구는 40대에 서울 아파트를 사서 50대에 강남으로 갈아탔다. 지금은 은퇴하고, 연금 외에도 월세 수입이 있다. 손주들 용돈도 넉넉히 준다. 1년에 한 번은 해외여행도 다닌다.

같은 세월을 살았지만, 선택이 달랐고 결과는 지금 이렇게 다르다. 그걸 보는 나는, 친구의 손주 앞에서 작아진다. 한때는 같은 회사, 같은 출발이었는데 이젠 같은 현실이 아니다. 그의 집은 노후를 위한 자산이자 무기였고, 나의 현실은 선택하지 못한 결과였다.

그 친구는 예전부터 말했다.

"뭐라도 해야 해. 가만히 있으면 기회가 안 와."

나는 그 말을 흘려들었다. 그땐 별 차이 없다고 생각했다. 하지만 지금은 그 차이를 절실히 실감한다. 그가 사소하게 해둔 선택이 내 노후의 격차로 이어졌다.

그는 은퇴 후에도 여유가 있었고, 나는 은퇴 후에 더 막막해졌다. 여유 있는 노후는 단지 연금만으로는 오지 않았다. '집 한 채'가 가져다주는 자산의 차이, 그것이 모든 걸 갈랐다.

이제라도 시작해볼 수 있을까

✳

지금 시작해도 늦을까? 이 질문을 하루에도 몇 번씩 한다. 최근에 본 영상 하나. 70대에 빌라 한 채를 매수한 사람 이야기였다. 전세를 주고, 월세를 받아서 생활비에 보탰단다. 나도 가능할까?

   대출이 안 나오더라도, 퇴직금 일부라도 모았더라면… 하지만 지금은 없다. 그래도 뭔가 해보자. 작은 상가, 오피스텔, 단칸방이라도. 지금 내게 필요한 건 수익이 아니라 '내 자리'다. 이름을 올릴 수 있는 등기 하나.

   지역은 상관없다. 서울이 아니어도 괜찮다. 편의점이 하나 있고, 병원까지 거리가 멀지 않으면 된다. 지금의 나는 '살 수 있는 집'이 아니라 '살 수밖에 없는 집'을 찾아야 한다. 작고 낡아도, 그 안에 내 삶을 담을 수 있다면 충분하다.

   나는 생각했다. '내가 마지막으로 내 이름을 걸 수 있는 건, 이 집이 될 것이다.' 늦게 시작했지만, 아주 늦은 건 아닐지도 모른다. 아직 숨이 붙어 있고, 아직 걸을 수 있다면, 나는 움직여야 한다.

집은 결국 삶의 마지막 존엄이다

✳

돈보다 중요한 건, 남에게 당당할 수 있는 '자리'가 있다는 것이다.

집은 단순한 공간이 아니라, 내 삶의 존재를 말해주는 유일한 물리적 증거다.

나는 지금 누구인가. 그리고 어디에 사는가. 그건 결국, 내 삶의 상태를 보여주는 것이다. '월세 살이'라는 말 하나에 스스로 위축되고, 작은 평수의 전셋집에서도 나는 늘 조심스러웠다. 내 집이 아니라는 사실은, 나를 작게 만들었다.

나는 아무것도 바라지 않는다. 그냥 내 이름으로 된 집 하나만 있으면 된다. 자식에게 기대지 않고, 내가 벌고, 내가 선택한 공간. 그게 지금 이 나이에 나에게 남은 마지막 존엄이었다.

나는 그 존엄을 지키고 싶다. **'여기가 내 자리다'**라고 말할 수 있는 작은 공간. 그것이 내 노년의 마지막 목표다.

작은 시작이 마지막 희망이 되다

✳

어느 날, 정말 우연히 한 경기도의 분양 정보를 보게 되었다. 역세권도 아니고, 대단지도 아니었다. 하지만 가격은 현실적이었다. 1억이 채 안 되는 구축. 중도금 대출이 불가능해서 현금이 필요했지만, 방법을 찾아보기로 했다.

퇴직금 일부, 안 쓰고 묵혀둔 적금, 그리고 자식들의 약간의 보태줌. 그렇게 해서 계약을 했다. 처음으로 내 이름이 들어간 등기. 평생을 남의 집에 살다, 처음으로 종이 한 장이 내 존재를 증명했다.

  그 집을 내가 살진 못했다. 전세를 주었고, 그 보증금으로 병원비와 생활비 일부를 해결했다. 수익은 크지 않았다. 하지만 마음은 달라졌다. 처음으로 내가 주인이 된 기분. 누가 뭐라 하지 않아도, 그 종이 한 장이 주는 감정은 컸다.

마지막에도 '내 집'이 있다는 위안

✻

지금도 그 집은 누군가가 살고 있다. 가끔 연락이 온다. 수도가 고장 났다고. 보일러가 말썽이라고. 그럴 때마다 마음이 불편하다. 하지만 동시에 든든하다. 내가 가진 건 그 한 채지만, 그래도 있다.

  가끔 손주가 와서 묻는다. "할아버지 집은 어디야?" 이젠 말할 수 있다. "우리 집은 저기 있어." 아주 작고 멀리 있어도, 내 이름이 적힌 집 하나가 있다는 것. 그것만으로도 위안이 된다.

  노후는 돈으로만 사는 것이 아니다. 집이 없었다면, 이 위안도 없었을 것이다. 나는 늦게 시작했지만, 그래도 끝나기 전에 시작했다.

당신에게도 아직 기회는 있다

✻

이 책을 읽는 당신이 지금 몇 살이든, 아직 늦지 않았다. 지금부터 단 하나의 목표만 세우자. '내 집 한 채 만들기.' 그 집이 크지 않아도, 도심이 아니어도 괜찮다. 중요한 건 '내 이름'이 적힌 공간이 있다는 사실이다.

50대든, 60대든, 70대든. 우리는 아직 살아 있다. 그렇기에 움직일 수 있다. 처음이 어렵다. 하지만 작은 시작이 결국 존엄을 지켜준다. 나는 늦게 시작했지만, 지금 이 글을 쓰며 웃을 수 있다.

당신에게도 그럴 날이 올 것이다. 단 한 채, 그것만 있어도 우리는 더는 흔들리지 않는다. 지금이라도 움직이자. 집은 자산이기 이전에, 당신 삶의 증거다.

70대가 절대 하지 말아야 할 10가지

✱ 내 집 한 채가 나를 지켜준다 ✱

1. 아직도 부동산은 자식 몫이라 생각하는 것

이젠 자식보다 내가 먼저다. 내가 사는 동안은 내 집이 나를 지켜야 한다. 집을 넘기면 권한도, 선택지도, 모두 사라진다.

2. "어차피 죽으면 집은 다 자식 거"라는 말

맞다. 하지만 사는 동안은 다 내 거다. 그 집이 있어야 병원도 가고, 돌봄도 받고, 도움도 받을 수 있다. 집은 살아있는 동안의 보호막이자 자존심이다.

3. 고립된 입지, 오래된 집에 계속 사는 것

엘리베이터 없는 5층, 병원 30분 거리… 이제는 구조보다 입지다. 살기 힘든 집은 추억이 아니라 족쇄가 된다.

4. 아파트를 내가 직접 관리하는 곳이라 생각하는 것

아파트는 관리가 아니라 관리받는 공간이다. 복지, 경비, 관리 시스템이 없는 주택은 무인도다. 나이 들수록 아파트 하나가 세상과 연결된 통로다.

5. 자식이 집 알아서 다 해줄 거라 믿는 것

자식도 바쁘고, 힘들고, 관심 없다. 집을 정리하고 갈아타는 건 내 몫이다.
준비 없는 기대는 곧 외로움이 된다.

6. 치매·건강 악화되기 전에 자산정리 안 하는 것

팔 때 안 팔면, 못 판다. 정신 뚜렷할 때 내 집, 내 방식으로 정리해야 한다.
의사결정 능력이 있을 때가 마지막 기회다.

7. 현금이 없으니 아파트가 필요 없다는 착각

오히려 현금이 없으면 아파트가 유일한 보험이다. 주거가 안정돼야 의료도, 돌봄도 연계된다. 집 없는 노후는 끝도 없이 무너진다.

8. 쓸데 없는 로망을 실현시키려 하는 것

귀촌 로망? 현실은 외로움과 단절이다.
70대 이후는 '조용함'보다 '접근성'이다.
병원, 대중교통, 편의시설 없는 곳은 생존에 위협이 된다.

9. "나 하나 그냥 살면 되지"라는 말

지금의 선택이 돌봄, 요양, 임종까지 연결된다.
주거 수준은 돌봄 수준과 직결된다.
그냥 사는 삶이 아니라, 지켜지는 삶을 설계해야 한다.

10. 집을 너무 늦게까지 붙들고 있다가 손도 못 쓰는 것

사고 나고 나서, 요양 가고 나서 그때는 팔 수도, 결정할 수도 없다.

지금이 마지막이다.

지금 정리하고, 지금 갈아타고, 지금 자리를 잡아야 한다.

80대, 마지막 이사를 고민하는 나이

07

아직도 나는 이사를 가고 있다

✶

80대. 그런데 나는 여전히 이사를 다니고 있다. 어느 날 문득 달력을 보니, 나도 80을 넘겼다. 예전엔 숫자가 별 의미 없었는데, 요즘은 그 숫자가 너무 크게 느껴진다.

요즘은 아침 햇살이 더 이상 따뜻하게 느껴지지 않는다. 그저 창밖의 밝은 빛이 무언가를 자꾸 재촉하는 기분이다. 아침이 되면 가슴이 답답하다. 오늘도 해야 할 일이 없다는 사실이 버겁다. 하루의 목적이 없다는 것, 그 공허함이 가장 힘들다.

아내는 종종 멍하니 앉아 있다. 거실에 조용히 앉아 창밖을 본다.

가끔 말없이 눈물을 훔친다. 왜 우냐고 물으면, 그냥이라는 말만 돌아온다. '그냥'이라는 말 속에 담긴 게 너무 많아, 묻지 못했다. 말하지 않아도 느껴진다. 우리가 지닌 감정은 너무 오래되었고, 너무 깊어졌다. 말로 설명하기 어려운 슬픔이 우리 사이를 채우고 있다.

이삿짐을 싸는 일도 점점 버겁다. 짐보다 무거운 건 마음이다. 어디를 가도 내 집 같지 않은 이 기분. 평생을 그렇게 살아왔지만, 아직도 익숙해지지 않는다. 이 나이에 아직도 "짐을 싸야 한다" 는 현실이, 어쩌면 가장 슬픈 말일지도 모른다.

작은 방, 작은 냉장고, 그리고 작아진 우리 삶

✳

이제는 방 두 개면 충분하다. 큰 거실도, 넓은 주방도 필요 없다. 사실 한 번도 그런 공간을 가져본 적도 없었다. 우리의 삶은 늘 작았다. 좁은 거실, 낡은 싱크대, 오래된 가스레인지. 하지만 그 공간 안에 수많은 이야기가 있었다.

처음부터 우리는 좁은 집에서 시작했다. 아이 셋이 한 방에 모여 자고, 안방이라고 해도 작은 장 하나 들어가면 꽉 찼다. 하지만 그 안에서 우리는 웃었다. 잠을 설쳐도, 전기장판이 고장 나도, 그래도 함께 있다는 것이 좋았다.

그런데 나이 들고 보니 그 집도 점점 더 작게 느껴진다. 몸이 불편해지니 작은 문턱도 벽처럼 느껴지고, 화장실 하나 있는 집은 서로 양보가 필요하다. 새벽에 다리가 저려 화장실을 가려다, 넘어질 뻔한 적도 많다. 그때마다 이 집이 나에게 맞지 않는다는 걸 느낀다.

  냉장고도 작아졌다. 들어가는 건 몇 가지 반찬과 약뿐이다. 식사도 간단해졌다. 국 하나, 밥 한 숟가락. 예전엔 푸짐한 상을 차리던 아내가, 이젠 국 하나 끓이는 것도 버겁다. 그 모습이 안타깝지만, 서로 말하지 않는다.

  하지만 가끔은 문득 예전이 그립다. 비록 넓지는 않았지만, 아이들이 웃고 떠들던 시간. 명절에 좁은 공간에 옹기종기 모여 앉았던 그 날들. 지금은 조용하다 못해, 숨소리조차 크게 들릴 때가 있다. 그 조용함 속에 나는 점점 사라지고 있다.

손주의 목소리가 문득 그리워지는 날

✴

손주는 이제 회사에 취직했고, 더 바빠졌다. 전화도 자주 오지 않는다. 예전엔 한 달에 한 번은 놀러 왔는데, 이젠 1년에 한 번도 쉽지 않다. 그럴 만도 하다. 직장도 바쁘고, 친구도 많고, 연애도 하고. 우리 집은 낡고, 좁고, 불편하다. 냄새도 나고, 오래된 가구들로 가득하다.

  그래도 보고 싶다. 손주의 목소리. "할아버지, 잘 지내세요?" 그 한 마디가 그리워질 줄은 몰랐다. 그 목소리를 들으면 며칠은 기분이 좋아진다. 한 번은 생일이 지나갔는데도 아무 연락이 없었다. 말은 안 했지만, 그날 하루 종일 마음이 가라앉았다.

젊은 사람은 바쁘고, 우리는 점점 잊혀진다. 세상의 중심에서 밀려나는 기분이다. 뉴스에서 나오는 건 젊은이들 이야기고, 텔레비전 광고도 우리와는 상관없는 삶이다. 그렇게 점점, 우리는 배경이 되어간다.

가끔은 손주가 문득 떠오른다. 어릴 때 나를 보고 환하게 웃던 그 모습. 지금은 회사에 치이고 세상에 지쳐, 그 미소가 조금은 바랬겠지. 하지만 나는 여전히 그 아이가 웃을 때 가장 행복했다.

정리할 짐은 많은데, 정리할 마음은 없다

✶

이제 주변을 정리해야 할 나이라고 한다. 미니멀리즘, 유산 정리, 인생 마지막 이사. 모두가 그렇게 말한다. 자식에게 짐을 남기지 말라고. 그런데 막상 손에 잡히지 않는다. 어디서부터 손을 대야 할지도 모르겠다.

버리려는 게 아니다. 이게 '나'였던 시간을 버리는 것 같아서 그렇다. 책장에 꽂힌 오래된 수첩, 아이들 사진, 아내와 찍은 젊은 시절 앨범. 낡은 옷장 안의 코트 하나조차, 나에겐 하나의 시간이다. 그 옷을 입고 갔던 첫 여행, 그날의 웃음이 아직도 기억난다.

사람들은 말한다. 물건은 추억이 아니라고. 하지만 나는 안다. 이 작은 물건들이, 나라는 사람의 흔적이었다. 나의 선택, 나의 취향, 나의 시간. 그것들이 모여 '나'를 이뤘다. 그래서 쉽사리 버릴 수 없다. 정리라는 말이, 정리가 되지 않는다.

요양병원보다 집에서 보내고 싶은 마지막 시간

✳

주변에 요양병원 간 친구들이 늘었다. 처음엔 거부감이 있었지만, 현실적으로 생각하게 됐다. 병원에서 간병인을 두고 지내면, 적어도 의료는 걱정 없다. 하지만 나는 아직, 집에서 마지막 시간을 보내고 싶다.

아침 햇살이 들어오는 창가, 커피를 내리는 아내의 뒷모습, 그리고 손주가 놀러 오던 작은 거실. 거기에 나의 시간이 있다. 그 공간에서 웃고 울었던 기억들이 살아 숨 쉰다. 병원 침대가 아닌, 나의 의자에 앉아 커피를 마시며, 마지막을 맞고 싶다.

사람이 떠날 때, 가장 원하는 건 '익숙함'이 아닐까. 낯선 병원 벽 대신, 내가 익히 아는 벽지와 커튼, 창틀과 소리. 그 소박한 공간에서 나는 마지막을 보내고 싶다. 누군가는 말하겠지. 비효율적이라고. 하지만 나는, 내 삶의 마지막만큼은 나답게 보내고 싶다.

끝내 내 이름으로 된 집은 없었다

✸

살면서 그렇게 바랐던 내 집. 끝내 갖지 못했다. 젊을 때는 돈이 없었고, 중년엔 여유가 없었다. 노년에 들어서면 자연스럽게 생길 줄 알았다. 언젠가는. 하지만 그날은 끝내 오지 않았다.

지금 사는 곳은 보증금 일부 얹어 들어온 전셋집. 곧 계약이 끝난다. 집주인이 실거주할 거란다. "이 나이에 또 이사를 가야 하는 현실이 서글프다."

아이들에게 미안하다. 남겨줄 집도, 돈도 없다. 유산이라는 단어는 우리 집엔 없었다. 자식들은 말한다. "괜찮아요, 아버지. 건강만 하시면 돼요." 그 말이 더 슬프다. 그 말 속에 담긴 현실을 나는 너무 잘 안다.

그래도 한 가지 바라는 게 있다. "부디 너희는, 이 고생 반복하지 않기를." 이제라도, 너희는 내 나이 되기 전에 내 집을 가졌으면 한다. 전세나 월세 걱정 없이 지낼 수 있는 집, 그 하나로 충분하다.

마지막엔 누군가에게 피해 주고 싶지 않다. 그게 내 바람이다.

사랑했던 모든 순간, 집이 있었다

✸

결혼을 했고, 아이를 낳았고, 함께 밥을 먹었고, 서로 다투고 웃었던 모든 순간. 그 모든 순간엔, 집이 있었다. 좁은 집이었지만, 그 안엔 웃음도, 울음도, 희망도 함께 있었다.

아이 첫 걸음을 보며 감탄했던 그 거실, 부부싸움 후 등을 돌리고 잤던 그 방, 명절 아침 전을 부치며 북적이던 그 부엌. 그 모든 게 집 안에서 일어났다. "집은 단지 공간이 아니라, 내가 사랑했던 모든 것들의 배경이었다."

그래서 집이 필요한 거다. 살아가는 동안은 물론이고, 삶이 끝나는 그 순간까지도. 사람들은 집값, 수익률, 투자 얘기를 하지만, 나는 이제 안다. 집이란 건 사랑과 기억을 담는 가장 소중한 그릇이라는 걸.

나는 이제 내 삶을 다 써간다. 하지만 누군가는 지금 30대, 40대일 거다. 지금 시작하라. 지금이라도 한 걸음 먼저 내딛어라. 늦지 않았다. 정말 늦는 건, 아무것도 안 한 채 후회만 남기는 것이다.

마지막에 남는 건 결국 자리다

✳

내가 떠난 후, 누군가 내 자리를 기억할까? 아마도 기억나는 건 거창한 말이 아닐 것이다. 익숙한 냄새, 자주 앉던 의자, 문틈으로 스며들던 햇빛. 그 소소한 것들이 결국 나를 기억하게 만든다.

사람은 공간을 닮는다. 그 사람의 말투, 습관, 표정까지도 그 공간 안에서 만들어진다. 그래서 나는 나만의 공간을 간절히 바랐다. 마지막이 되어서야 알았다. 내가 찾고 있던 건 소유가 아니라 '자리'였다는 걸.

그 자리가 나를 말해주고, 나를 지켜주고, 나를 위로했다. 지금도 누군가는 삶을 정리하고 있을 것이다. 그리고 묻겠지. '나는 지금 어디에 있는가.'

마지막까지 준비하고 싶은 한 가지

✳

병원 침대에서 떠나고 싶지 않다. 가족들에게 폐 끼치고 싶지도 않다. 그래서 나는 마지막을 준비하고 있다. 장례보험, 유언장, 병원비 통장. 누군가는 말한다. "그런 거 너무 이르지 않나요?"

아니다. 준비가 빠른 게 아니라, 나에게 남은 시간이 적은 것이다. 마지막까지 내가 선택하고, 내가 결정하고 싶다. 무의미하게 흘러가는 시간이 아니라, 준비된 이별로 삶을 마무리하고 싶다.

그리고 무엇보다, 집. 마지막까지 내 이름으로 되어 있는 작은 공간 하나만이라도 갖고 싶다. 임대차 계약서가 아닌, 등기부등본에 내 이름이 있는 그 집. 단 한 채라도 좋다. 그것이 나의 마지막 준비다.

지금, 당신에겐 시간이 있다

✳

내가 이 글을 쓸 수 있는 것도, 아직 살아있기 때문이다. 그리고 당신이 이 글을 읽는다는 건, 아직 시간이 있다는 뜻이다. 나는 말하고 싶다. 부디, 너무 늦기 전에 시작하라고.

80세의 나는 후회가 많다. 기회는 있었다. 하지만 미뤘다. 언젠간 하겠지, 언젠간 생기겠지. 그 언젠가는 오지 않았다. 그러니 당신은 다르게 살기를 바란다.

지금의 당신은 아직 움직일 수 있다. 선택할 수 있다. 그리고 노력할 수 있다. 그게 축복이다. 집이란 건 단지 투자 대상이 아니라, 당신 삶의 울타리다. 사랑하는 사람을 지키고, 당신 자신을 지키는 최소한의 공간이다.

나는 지금 묻고 싶다. 당신은 지금 어디에 살고 있는가? 그리고, 거기는 당신이 진짜 머무르고 싶은 곳인가?

지금이라도 괜찮다. 한 걸음 내딛자. 내일은 또 모르니까. 지금의 당신이, 미래의 당신에게 후회가 되지 않기를. 그리고 기억하자. **"집은, 당신이 사랑했던 모든 것들을 담아줄 단 하나의 그릇이다."**

80대가 절대 하지 말아야 할 10가지

※ 이제는 '정리'가 실력이다 ※

1. 부동산 정리를 미루는 것

아프기 전에, 치매 오기 전에, 내 이름으로 팔지 못하면, 자식도 못 판다.
늦기 전에 정리해야, 내 뜻대로 끝을 설계할 수 있다.

---

2. 사후 대비 없이 그냥 두는 것

유언장도 없이 그냥 돌아가면 자식들끼리 유산 분쟁은 시간 문제다. 집은 '사는 동안'만 정리하면 안 된다. '죽고 난 뒤'까지 시나리오가 있어야 한다.

---

3. 아무에게나 공동명의를 넘기는 것

자식 이름 올린다고 효도 아니다. 명의는 권력이다.
언제든 분쟁의 씨앗이 될 수 있고, 본인도 살면서 아무것도 못 결정하게 된다.

---

4. 복지시설·요양시설 입소 계획 없이 버티는 것

집은 있는데, 몸은 아프고, 병원도 못 가고… 그때 요양 신청하면
이미 대기만 6개월 미리 계획 안 하면, 집이 있어도 돌봄 못 받고 방치된다.

5. 건강보험, 기초연금과 부동산의 관계를 모르는 것

집값이 높으면 복지 대상에서 탈락 80대는 부동산이 소득으로 간주되기 시작하는 시점이다. 내가 가진 한 채가, 도움받을 권리를 막을 수도 있다.

6. 팔리지도 않을 집을 유지비로 버티는 것

관리비만 30만 원, 수도관은 터지고… 사는 게 아니라 견디는 중이라면, 집은 자산이 아니라 짐이다. 지금 팔려야 의미 있다.

7. 자식 집 담보로 보증 서주는 것

"노모 부탁입니다"라며 보증… 한번 터지면 당신 집까지 경매 들어간다. 80대는 지켜야지, 책임지면 안 된다.

8. 집을 정리하지 않고 요양시설 입소만 기다리는 것

입소 비용, 생활비, 병원비 어디서 나올 건가? 그 집을 현금화하거나, 전세 놓거나, 준비돼 있어야 퇴소 후 삶도 유지된다.

9. 돌아가신 후를 위한 세금·상속 설계를 안 해두는 것

상속세 때문에 자식이 집 팔고 세금 내느라 급매 던지는 순간, 부모가 쌓은 자산은 반값으로 날아간다. 80대는 절세 전략이 '효도'의 시작이다.

10. 지금 이 집이 마지막일 거라 단정하는 것

끝이 아닐 수도 있다. 건강 좋아지면 다시 나올 수도 있고, 누군가와 함께 살 수도 있다. 지금 집을 열어둬야, 기회도, 여지도, 가능성도 남는다.

그래서, 지금 당신은 어디에 살고 있는가?

08

그냥 살다 보면 집은 생길 줄 알았다

✳

30대 초반까지는 그렇게 생각했다. 회사에 다니고, 월급을 받고, 결혼을 하고 아이를 낳으면, 어느 날은 나도 자연스럽게 내 집이 생길 줄 알았다. 어릴 적 부모님이 그랬고, 주변 선배들도 그랬다. 다들 그냥 살다 보면 집이 생겼다고 했다. 내 차례도 올 거라고 믿었다.

하지만 현실은 달랐다. 집은 그렇게 쉽게 오지 않았다. 결혼을 해도, 아이가 생겨도, 전세는 오르고 대출은 줄었다. 청약을 알아보자니 경쟁률이 수백 대 일이었고, 갭투자를 하자니 겁이 났고, 지금 사는 동네를 벗어나긴 싫었다. 불안은 매일 자라는 데, 용기는 쉽게 자라지 않았다.

"그냥 살다 보면 생길 줄 알았던 집은, 끝내 생기지 않았다."

10년이 지나도 그대로였다. 월세를 낼 때마다 마음이 무거웠고, 보증금 인상 통보를 받을 때마다 잠을 설쳤다. 이사 갈 때마다 아이의 학교를 옮겨야 했고, 친한 이웃은 이사를 하며 점점 줄어들었다. 하루하루 버티는 삶. 그게 나의 일상이 되었다.

무주택자의 하루는 다르게 흘러간다

✳

같은 회사를 다니고, 같은 시간에 출근하고, 같은 시간에 퇴근하지만, 집이 있는 사람과 없는 사람의 하루는 완전히 다르다. 집이 있는 사람은 퇴근 후 집에서 쉴 수 있다. 내일을 설계할 수 있다. 그러나 집이 없는 사람은 오늘을 버텨야 한다.

월세가 나가는 날은 마음이 무겁고, 보증금 올려달라는 말엔 가슴이 철렁 내려앉는다. 이사 계획도 항상 염두에 둬야 한다. 아이 학교는 어떡하지? 짐은 어디 맡기지? 대출은 얼마나 가능할까? 전입신고는? 집이 없다는 건 단순히 재산이 없는 게 아니라, 삶의 방향을 정할 수 없다는 뜻이다.

집이 없다는 건, 언제나 유예된 삶을 살아야 한다는 뜻이다. 내일을 생각할 수 없다는 건, 오늘이 두려운 것이다. 매일 오늘만 살아야 하는 인생은, 결국 한 발짝도 나아가지 못하는 인생이다.

"집이 없다는 건, 늘 불안하다는 뜻이다."

현실은, 우리를 기다려주지 않는다

∗

집값은 오르고, 전세는 사라지고, 대출은 조이고, 금리는 올라간다. 부모님은 더는 도움 줄 형편이 안 되고, 자녀 교육비는 매달 늘어난다. 한숨 쉴 틈도 없다. 어느 날 갑자기 무너지는 게 아니라, 매일 조금씩 주저앉는다.

그러다 문득 깨닫는다. "아, 나만 이렇게 살고 있는 게 아니구나." 주변 친구들도 비슷한 고민을 한다. 모두가 어렵다. 하지만 모두가 어렵다고 해서, 내 삶의 결과까지 똑같아져선 안 된다. 누구는 그 와중에도 집을 샀고, 누구는 집을 팔았다. 모두가 힘들어도, 누군가는 그 안에서 기회를 잡았다.

"현실이 나를 기다려주지 않듯, 나는 현실 앞에서 멈춰선 안 된다."

누군가는 과감히 전세금 빼서 빌라를 샀고, 누군가는 작은 아파트를 전세끼고 매수했다. 시작은 사소했지만, 끝은 결코 사소하지 않았다. 결국 용기였다.

'집'이라는 단어를 외면한 대가

✵

한때는 집이 사치처럼 느껴졌다. 더 급한 게 많았고, 더 중요한 일이 많아 보였다. 부모님 병원비, 아이 학원비, 차 할부금, 생활비. 집은 그 다음이었다. 하지만 지나고 보니 그건 착각이었다. 집은 사치가 아니라, 삶의 근간이었다.

회사 일이 힘들 때, 아이와 갈등이 생길 때, 몸이 아파 누워 있을 때, 모든 순간엔 '집'이 필요했다. 내 편이 되는 공간. 내가 무너지지 않게 지켜주는 공간. 그게 바로 집이었다. 집은 단순한 부동산이 아니었다. 나의 삶을 버티게 해주는 유일한 구조였다.

"집을 미룬 대가는 너무 크고, 너무 오래 간다."

집은 생각보다 더 큰 영향을 줬다. 이직을 고민할 때, 자녀 진학을 결정할 때, 부모님을 모실 공간을 고민할 때, 집은 항상 결정적인 요소였다. 그래서, 뒤늦게 깨달았다. 나는 너무 오래, 너무 중요하지 않은 일들에 집중했고, 정작 중요한 건 외면해버렸다.

지금도 늦지 않았다

✵

40대에도, 50대에도, 지금 시작하면 된다. 누구나 시작점이 다르고, 누구나 속도가 다르다. 하지만 결국 중요한 건, '지금' 시작하는 것이다.

  작은 원룸부터, 수도권 소형 아파트부터, 청약 공부부터, 특례보금자리론 활용부터. 지금이라도 해야 한다. 왜냐하면 앞으로 더 어려워질 테니까. 앞으로 집값은 더 올라갈 수도 있고, 더 강한 규제가 나올 수도 있다. 고금리는 잠시일 뿐이고, 도시는 계속 팽창한다.

  하지만 기회는 항상 있었다. 단지 그걸 알아보는 눈이 없었을 뿐이다. 준비되지 않은 자에겐 기회가 재난이 되고, 준비된 자에겐 재난도 기회가 된다.

"기회는 언젠가 오지 않는다. 지금 이 순간, 찾아야 한다."

이 질문에서 시작하라

✳

집이 없다면, 지금 이 질문부터 해보라.

- 나는 왜 집을 갖지 못했는가?
- 무엇이 나를 망설이게 했는가?
- 지금이라도 바꿀 수 있는 건 무엇인가?

  질문은 혼란을 불러온다. 하지만 그 혼란은 변화를 만든다. 그리고 두려워 말라. 누구나 처음엔 모르고, 누구나 처음엔 실수한다. 하지만 시작한 사람만이 도착할 수 있다. 지금 사는 집이 내 집이 아니라면, 지금 이 질문이 나를 바꾸는 시작이 되어야 한다.

결국, 질문이 인생을 바꾼다. 집이 없다는 사실이 당신의 운명을 결정짓게 하지 마라. 질문하고, 계획하고, 움직여라. 움직이면 길이 보인다.

다음 세대에겐 다른 길을 보여주기 위해

✳

우리가 지금 집을 사는 이유는, 단지 우리를 위한 것이 아니다. 다음 세대에게 '집 없는 인생'이 얼마나 고단한지를 보여주고, '집이 있는 삶'이 얼마나 다를 수 있는지를 알려주기 위해서다.

내 아이가 나처럼 고생하지 않기를. 내 손주가 전세를 전전하지 않기를. 나의 선택이 아이의 삶에 지혜가 되길 바란다. 나의 실패가 아이에겐 반면교사가 되기를. 그래서 지금의 선택이 중요하다. 그래서 지금의 결단이 필요하다.

"지금 당신이 내리는 결단이, 다음 세대의 삶을 바꿀 수 있다."

지금 당신이 집을 사면, 아이는 자연스럽게 '내 집 마련'이라는 개념을 받아들이게 된다. 그 자체가 교육이고, 문화다. 그래서 이건 단순한 재테크가 아니라, 세대를 바꾸는 결정이다.

마지막 질문

✳

지금 당신은 어디에 살고 있는가? 그 집은 당신의 집인가, 남의 집인가? 당신이 매달 내는 월세는 당신을 위한 것인가? 아니면 집주인을 위한 것인가? 이제 묻는다. "그래서, 지금 당신은 어디에 살고 있는가?"

이 질문에 당당히 대답할 수 없다면, 지금부터라도 바꿔야 한다. 그리고 기억하라. 집은 당신 삶의 가장 확실한 기반이자, 당신 미래의 첫 단추다. 당신이 오늘 내딛는 한 걸음이, 당신의 노년을, 당신 자녀의 인생을 바꿀 것이다.

그러니 지금, 질문하라. 그리고 움직이라.

"그래서, 지금 나는 어디에 살고 있는가?"

"그리고 나는 어디에 살고 싶은가?"

"그 꿈을 이루기 위해, 나는 오늘 무엇을 해야 하는가?"

답은 멀리 있지 않다. 답은 늘 내 안에 있었다.

그리고 당신이 지금 그 첫 질문을 했다면, 이미 절반은 시작한 것이다.

2장

모두가 포기할 때, 나는 사기로 했다

모두가 포기할 때,
나는 사기로 했다

01

모두가 멈췄던 그 시절, 나는 움직였다

✳

2020년. 코로나가 세상을 덮었고, 경제도 멈췄다. 사람들은 돈을 쓰지 않았다. 아니, 못 썼다. 부동산도 마찬가지였다. 거래는 끊겼고, 매물은 쌓였다. 모두가 말렸다.

"지금 사면 미친 거야."

"이제 곧 폭락한다더라."

그때 나는 집을 샀다. 전세를 끼고, 작은 아파트 하나. 불안했지만 결정했다. 이유는 하나였다. "이대로는 안 된다." 미래에 대한 불안보다, 지금의 확실한 불안이 더 두려웠다.

그 결과는? 3년 후, 그 집은 두 배가 되었다. 더 오를 줄 몰랐다. 하지만 떨어질까 봐 사지 않았던 사람들은, 아직도 기다리고 있다.

"모두가 멈춘다 해도, 내 삶은 멈출 수 없었다."

기회는 위장하고 온다

✶

기회는 항상 불안한 옷을 입고 온다. 겉보기엔 위기처럼 보이고, 가까이서 보면 두려움이다. 그래서 대부분의 사람은 돌아선다.

2008년 금융위기, 2013년 부동산 침체기, 2023년 고금리 시절. 모두가 시장을 떠났고, 몇몇은 그때 사들였다. 그리고 몇 년 뒤, 그들은 인생이 달라졌다. 기회는 편안할 때 오지 않는다. 혼란 속에서 태어난다.

지금도 마찬가지다. 금리? 고점? 폭락? 수많은 뉴스와 분석이 당신의 발을 붙잡는다. 하지만 역사는 증명했다. 기회는 항상 두려움 속에 숨어 있었다고.

"기회는 기다리는 자가 아니라, 알아보는 자의 것이다."

불안은 선택의 적이 아니다

✶

집을 산다는 건 불안한 일이다. 대출을 받아야 하고, 갚아야 하고, 미래를 감당해야 한다. 그래서 많은 사람들이 망설인다. 불안하니까.

하지만 묻고 싶다. 불안하지 않은 선택이 이 세상에 존재하긴 할까? 월세는 불안하지 않나? 전세 사기, 보증금 증액은 불안하지 않나? 아무것도 하지 않는다고, 인생이 편해지는 건 아니다.

불안은 선택의 적이 아니다. 오히려 선택이 불안을 이기는 유일한 방법이다.

"행동 없는 불안은 공포가 되지만, 행동이 있는 불안은 기회가 된다."

실패를 두려워하면 기회도 놓친다

✳

집을 사는 게 실패할까 봐 두렵다. 나도 그랬다. 혹시 집값이 떨어지면? 혹시 내가 산 지역이 망하면? 혹시 대출 이자가 더 오르면?

하지만 시간이 지나고 보니, 가장 큰 실패는 '하지 않았던 것'이었다. 내가 망설이는 사이, 누군가는 샀고, 누군가는 팔았고, 누군가는 갈아탔다. 그리고 그 차이는 몇 년 뒤, 몇 억이 되었다.

완벽한 타이밍은 없다. 모든 조건이 완벽할 때 집을 살 수 있는 사람은 없다. 실패를 피하려고만 하면, 결국 아무것도 얻지 못한다.

"실패보다 더 무서운 건, 아무것도 하지 않는 것이다."

작은 선택이 인생을 바꾼다

✳

내가 산 첫 집은 빌라였다. 전세 1억 5천에, 매매가 2억 2천. 대출을 최대한 끌어썼고, 수리비도 빠듯했다. 하지만 그 집이 내 인생을 바꿨다.

몇 년 후, 나는 그 빌라를 팔고 아파트로 갈아탔다. 이후엔 재건축 단지로 갈아탔다. 처음엔 7평짜리 빌라 한 채였지만, 그 첫 선택이 내 자산을 바꿨고, 삶을 바꿨다.

사람들은 묻는다.

"어떻게 그렇게 많이 올랐어요?"

나는 말한다.

"처음에, 그 작은 집 하나 샀기 때문이에요."

"작은 선택이 만든 변화는, 시간이 지나면 인생이 된다."

'지금이 아니면' 영원히 오지 않는다

✳

사람들은 말한다.

"나중에 여유 생기면 살게요."

"애들 크고 나서 생각할게요."

하지만 '그때'는 오지 않는다. 애들이 크면 교육비가 더 들어간다. 여유가 생기면 다른 지출이 생긴다.

부동산은 기다려주지 않는다. 기다리면 더 멀어진다. '지금이 아니면'이라는 말이 무섭게 들리겠지만, 현실이다. 정말 기회는 준비한 사람에게만 보인다.

지금 불안한가? 그래서 더 움직여야 한다. 안 하면 더 불안해진다. 지금이라도 작은 선택을 하자. 지금이라도 움직이자. 미래는, 행동하는 자의 몫이다.

"가장 좋은 타이밍은 지나갔다. 두 번째로 좋은 타이밍은, 지금이다."

모두가 말릴 때, 움직인 사람들의 이야기

✳

내 지인은 2023년에 인천 구축 아파트를 샀다. 고금리 시기, 모두가 말렸다. 하지만 그는 입지를 분석했고, 전세가율과 호가 간극을 냉정히 따졌다. 지금? 1년 만에 1억이 올랐다.

또 다른 지인은 2019년에 재건축 단지를 샀다. 규제 지역이었고, 대출도 힘들었지만 그는 매수했다. 그리고 지금, 시세는 두 배가 넘었다. 그들은 특별한 정보가 있었던 게 아니다. 단지 두려움을 뚫고, 행동했다.

"결국 중요한 건 용기다. 그리고 그 용기는, 남들이 멈출 때 발휘되어야 한다."

당신은 무엇을 선택할 것인가?

✳

이제는 질문이 아니다. 선택의 시간이다. 당신은 무엇을 할 것인가?

- 그냥 지금처럼 살 것인가?
- 아니면 움직일 것인가?
- 불안을 안고 살아갈 것인가?
- 아니면 불안을 뚫고 나아갈 것인가?

남들도 다 힘들다고, 나도 아무것도 안 해도 되는 건 아니다. 지금의 선택은 단지 집 한 채가 아니라, 앞으로 10년의 인생을 바꾸는 시작이 된다.

"그래서, 당신은 어떤 인생을 선택할 것인가?"

지금 당신이 고민하고 있다면, 이미 절반은 준비가 끝난 것이다. 이제 남은 건 단 하나, 행동뿐이다.

"지금 이 순간이, 당신 인생의 전환점이 되기를."

집은 결국 삶을 바꾸는 가장 강력한 도구다

02

집이 생기면 삶이 달라진다

✳

집을 사면 단순히 '내 집'이 생기는 게 아니다. 생각이 달라진다. 삶의 중심이 생긴다. 출근길이 덜 불안하고, 아이가 더 안정적으로 자란다. 불확실했던 삶에 기준점이 생기고, 계획이 생긴다. 어디를 살아야 할지도, 어떻게 살아야 할지도 선명해진다.

집이 생긴다는 건, 단지 벽과 지붕이 생긴 것이 아니라, 마음에 중심이 생긴 것이다. 그 안정감은 삶 전체에 영향을 준다. 휴일에 집을 바라보며 커피를 마시는 시간, 아이가 안심하고 돌아올 수 있는 장소, 밤에 불을 끄고 나만의 공간에 누워 있다는 사실. 이 모든 것이 나를 지탱하는 힘이 된다.

"집이 생기면 삶이 정돈된다. 그 안정감이 인생을 바꾼다."

월세의 불안이 사라진 날

✳

한 달 중 가장 무거운 날은 월세 빠져나가는 날이었다. 잔고가 줄고, 마음이 무거워졌다. 그런데 집을 사고 난 뒤 처음으로 월말이 가볍게 느껴졌다. 더는 '살 집' 걱정을 하지 않아도 됐기 때문이다.

그날의 감정은 말로 다 표현할 수 없었다. 단순히 돈이 안 나가는 기쁨이 아니라, 누군가에게 의존하지 않는다는 자립의 뿌듯함. 이제는 누가 나가라고 하면 어쩌나 하는 불안도 없고, 아이의 방을 꾸미는 일도 망설임 없이 할 수 있게 되었다.

"집 한 채가 없을 땐 세상이 나를 흔들었지만, 집 한 채가 생기자 내가 세상을 바라볼 수 있었다."

내 아이의 미래를 바꾸는 공간

✳

집은 단순한 거처가 아니다. 아이의 생활 반경이자 사회적 관계가 형성되는 기반이다. 아이는 안정된 환경에서 자랄수록 감정이 안정되고, 친구도 꾸준히 유지할 수 있다. 학기 중에 전학을 고민하지 않아도 되고, 짐 싸는 일 없이 학원도 꾸준히 다닐 수 있다.

특히 학군이라는 요소는 아이에게 결정적인 영향을 미친다. 내 집이 있다는 이유로, 우리는 교육 환경도, 관계도, 아이의 자존감도 지켜낼 수 있다.

"내 아이에게 물려줄 수 있는 가장 강력한 유산은 결국 '주소지'였다."

삶의 중심이 생긴다는 것

✵

전세를 전전할 때는 늘 삶이 유동적이었다. 짐을 쌌다가 풀었다가, 동네가 바뀌고, 관계가 끊겼다. 하지만 집을 산 뒤 처음으로 나에게 '기반'이 생겼다. 그 중심이 다른 모든 걸 바꿨다. 직장, 인간관계, 소비 습관까지.

회사에서도 이상하게 더 자신감이 생겼다. 회의에서 의견을 낼 때도, 동료와 이야기할 때도. 뭔가 '나만의 것'을 가진 사람이 된 듯한 느낌. 그 작은 변화가 쌓이고 쌓여 결국 더 나은 기회를 만들어줬다.

"흔들리던 나를 붙잡아준 건 결국 내 이름으로 된 공간 하나였다."

'소유'가 주는 심리적 안정

✵

집을 가진다는 건 자산의 문제가 아니다. 정서의 문제다. 어떤 일이 있어도 돌아갈 곳이 있다는 사실은 사람을 강하게 만든다. 이해받지 못한 날에도, 실패한 날에도, 외로운 날에도, 내 집은 나를 받아준다. 그건 돈으로 살 수 없는 안정감이다.

출근 후 퇴근한 공간이 '남의 공간'일 때와 '내 공간'일 때, 감정의 깊이는 완전히 다르다. 밤하늘을 올려다보는 그 창이 나의 창이라는 것만으로도 사람은 달라진다.

"집은 내 삶의 피난처이자, 자존감의 원천이었다."

집값 상승보다 중요한 것

✵

사람들은 집값이 오를까 내릴까에만 집착한다. 물론 중요하다. 하지만 집을 산다는 건 단순한 투자 수단이 아니다. 내 삶의 방식, 나의 정체성, 나의 관계, 나의 일상에 모두 영향을 주는 물리적 조건이다.

부동산은 숫자의 게임이기도 하지만, 삶의 게임이기도 하다. 거래가 끝났다고 모든 게 끝난 게 아니다. 그 공간 안에서 어떤 삶을 꾸려가는지가 더 중요하다.

"집값보다 중요한 건, 그 집이 내 삶에 어떤 변화를 가져왔는가였다."

집은 곧 나의 자존심
✷

남에게 말 못할 일 있어도, 내 집 문을 닫으면 세상이 잠잠해졌다. 내 이름으로 된 등기 하나가 나를 지켰다. 세상에 흔들릴 때, 그 공간이 내 자존심이 되어주었다. 무너진 자존감도, 그 집 안에서는 다시 세워졌다.

사람은 어디선가 자신을 다시 회복해야 한다. 그 회복의 장소가 바로 집이다. 내가 무너졌을 때, 가족이 갈등을 겪을 때, 어디선가 숨쉴 수 있는 공간. 그게 남의 공간이 아니라, 내 공간이라는 게 큰 차이를 만든다.

"세상이 나를 무너뜨릴 때, 나를 지켜준 건 내 집 한 채였다."

결국, 집은 인생의 발판이다
✷

집은 시작이다. 그 안에서 가족이 자라고, 기억이 쌓이고, 꿈이 싹튼다. 아무것도 없던 시절, 나는 단 한 가지를 가졌고, 그게 집이었다. 그 집이 모든 시작이었고, 그 집이 지금의 나를 만들었다.

작은 집에서 출발했지만, 나는 거기서 계획을 세웠고, 다음 단계를 준비했고, 가족과 함께 꿈을 나눴다. 그게 인생의 발판이었다. 집이 없었다면, 그런 시작조차 어려웠을 것이다.

"내가 가진 게 아무것도 없을 때, 나를 키운 건 벽 네 개와 지붕 하나였다."

내 집 한 채가 나를 변화시켰다

✲

불안하던 내가 단단해졌다. 흔들리던 내가 중심을 잡았다. 그 변화의 시작은 작은 집 하나였다. 처음엔 수많은 걱정이 앞섰다. 하지만 지나고 보니, 그 결정 하나가 인생의 물줄기를 바꿨다. 그 집을 기준으로 나는 다시 설 수 있었다.

내가 변화하려고 결심한 날, 집이 있었다. 내가 도전하려고 마음먹은 순간, 그 집은 뒤에서 날 지지해줬다. 때로는 버팀목이 되고, 때로는 위로가 되고, 때로는 앞으로 나아갈 이유가 되어줬다.

"내 집은 단순한 공간이 아니라, 나 자신을 다시 세운 결정적 변화였다."

그래서, 집이 인생을 바꾼다

✲

집이 없던 시절에는 몰랐다. 왜 그렇게 집을 강조하는지. 왜 부모님은 집을 사라고 하셨는지. 이제는 안다. 집은 재산을 넘어, 사람을 바꾸고, 가족을 바꾸고, 인생을 바꾼다. 그래서 집을 가져야 한다. 그래서 지금 움직여야 한다.

    마지막으로 묻는다. 당신은 지금 어디에 살고 있는가? 그 집은 당신의 삶을 바꾸고 있는가? 그렇지 않다면, 지금이 바로 바꿔야 할 순간이다.

    "집은 결국 당신 삶의 방향을 바꿀 수 있는 가장 강력한 도구다."

그래서, 지금 집을 사야 할까?

03

언제 사야 할까보다, 왜 사야 하는가를 먼저 묻자

✳

사람들은 항상 '언제 사야 할까'를 고민한다. 오를까? 떨어질까? 지금 사면 손해 보는 건 아닐까? 그런데 더 중요한 질문이 있다. "나는 왜 집을 사야 하는가?"

그 이유가 명확하지 않으면 어떤 타이밍도 의미가 없다. 누구는 자녀 교육을 위해, 누구는 주거 안정을 위해, 누구는 자산 증식을 위해 집을 산다. 이유가 다르면 접근법도 다르다.

"타이밍은 두 번째다. 먼저 나만의 이유를 찾아야 한다."

집은 '투자'가 아니라 '선택'이다

✳

집을 투자의 관점으로만 보면 답이 잘 안 나온다. 언제 오를까, 얼마나 오를까, 전세는 빠질까… 수십 개의 조건이 머릿속을 혼란스럽게 만든다. 하지만 집을 '삶의 공간'이라는 선택으로 보면 생각이 훨씬 단순해진다.

내 삶의 질이 나아진다면? 내가 원하는 삶에 더 가까워질 수 있다면? 그럼 지금 사도 괜찮다. 오히려 그런 집은 시간이 지나며 자연스럽게 자산으로 이어진다.

"선택이 맞으면, 투자는 따라온다."

시장은 항상 불확실하다

✳

누구도 정확한 시세를 예측하지 못한다. 강남 아파트가 3년 만에 두 배가 될 줄, 세종이 반토막 날 줄, 금리가 5%까지 오를 줄, 아무도 몰랐다. 시장은 원래 불확실하다.

지금 불안한가? 다들 그렇다. 10년 전에도 그랬고, 앞으로도 그럴 것이다. 그런데도 누군가는 사고, 누군가는 놓친다. 차이는 용기가 아니라 준비에 있다. 준비된 사람만이 불확실성을 기회로 바꾼다.

"불확실하다고 멈추면, 평생 기회는 오지 않는다."

지금도 분명히 '기회'는 있다

✳

모두가 주저할 때, 가격은 내려가고, 선택지는 늘어난다. 실거주자가 집을 사기엔 지금만큼 좋은 타이밍도 드물다. 갭이 줄었고, 전세가 탄탄하며, 일부 지역은 급매가 쌓여 있다. 문제는 눈에 보이지 않는다는 것. 두려움이 판단을 가리기 때문이다.

실제로, 지금 조용히 매수하는 사람들은 있다. 모두가 주저하는 틈에서 기회를 잡고 있다. 나중에 보면 그들은 이렇게 말한다. "그때가 기회였지."

"기회는 시장이 주는 게 아니라, 내가 인식할 수 있을 때 오는 것이다."

집을 사면 바뀌는 것들

✳

내 집이 생기면 신기하게 많은 것이 바뀐다. 돈 쓰는 습관이 달라지고, 장기 계획을 세우게 되고, 이사 걱정이 줄고, 자녀 교육에 안정이 생긴다. 그것만으로도 충분한 이유다.

그리고 무엇보다, 자신감이 생긴다. 내 이름으로 된 공간 하나가 있다는 사실이 사람을 달라지게 한다. 더는 남에게 끌려가지 않고, 내 계획대로 삶을 이끌 수 있다는 감각. 그건 돈 이상의 가치다.

"내 집 한 채가, 나를 바꾼다."

무리해서 사는 게 아니라, 계획해서 사는 것이다
✵

지금 집을 산다고 무조건 빚을 짊어진다는 건 착각이다. 요즘은 정부의 다양한 제도, 대출 완화, 청년 특례, 생애최초 혜택 등이 많다. 문제는 '몰라서 못 사는 경우'가 대부분이라는 것이다.

갭투자처럼 무리한 방식이 아니라, 실거주 기반의 소액 매수 전략이 충분히 존재한다. 전세를 활용하고, 신축보단 실속형 구축을 고르고, 입지의 본질을 보면 기회가 보인다.

"돈이 없어서가 아니라, 방법을 몰라서 포기하는 사람이 많다."

지금 사지 않으면 어떤 일이 생길까
✵

반대로 지금도 사지 않고, 1년, 2년, 3년을 더 미룬다면? 그 사이 전세는 줄고, 금리는 바뀌고, 매물은 사라지고, 나는 나이를 더 먹는다. 그리고 또 생각하게 된다. "그때 살 걸."

지금이 무섭다면, 나중은 더 무섭다. '아무것도 하지 않는 것'이 가장 큰 리스크다. 시장은 변한다. 하지만 사람의 시간은 돌이킬 수 없다.

"살 수 있을 때 사는 것. 그게 진짜 기회다."

남의 말보다, 나의 기준을 세워라
✳

부동산은 항상 소음이 많다. 누구는 사지 말라 하고, 누구는 늦었다 하고, 유튜브는 극단적이고, 뉴스는 공포를 부추긴다. 하지만 결국 사는 사람은 나고, 살아가는 것도 나다.

그래서 가장 중요한 건 '내 기준'이다. 내 자산 상황, 나의 인생 계획, 나의 자녀 환경, 나의 직장. 그 기준에서 판단하면, 남이 뭐라 해도 흔들리지 않는다.

"결국 집은, 남이 아닌 내가 사는 것이다."

나도 언젠가는 사야 한다면, 지금이 낫다
✳

평생 전세로 살 순 없다. 언젠가는 사야 한다. 그렇다면 언제가 나을까? 준비가 가능하고, 정보가 많고, 제도가 열려 있는 지금이 가장 낫다. 시간이 흐를수록 조건은 나빠질 수 있다. 나이, 건강, 대출, 자녀 상황… 시간이 유리한 적은 단 한 번도 없었다.

"언젠가 살 거라면, 지금이 가장 싸게 사는 것이다."

그래서, 지금 나는 어떻게 할 것인가?

✳

이 모든 이야기를 듣고도, 당신이 아무것도 하지 않는다면 결과는 똑같다. 결국 인생을 바꾸는 건 정보도, 타이밍도 아닌, 행동이다.

집은 단순한 자산이 아니다. 삶의 방향이고, 가족의 기반이고, 미래의 설계도다. 그 시작을 지금 할 수 있다면, 그건 절대 늦은 게 아니다.

마지막으로 스스로에게 물어보라.

"그래서, 나는 지금 어떻게 할 것인가?"

그 질문이 당신의 첫 번째 시작이 될 것이다.

집값보다 중요한 건, '어디에 사는가'

04

같은 값이라도, 어디냐에 따라 인생이 달라진다

✳

3억짜리 아파트가 있다고 하자. 하나는 수도권 외곽, 하나는 서울 도심. 가격은 같지만 삶의 질은 완전히 다르다. 출퇴근 시간, 아이 학교, 주변 병원, 마트, 도서관… 모든 게 달라진다.

  수도권 외곽의 3억은 넓은 평수, 깨끗한 신축을 의미할 수 있다. 하지만 서울 도심의 3억은 오래된 구축에 비좁은 평수일 수도 있다. 그런데 시간이 지나면, 전혀 다른 삶의 모습을 보여준다. 서울 도심의 아파트는 출근길에 1시간을 아낄 수 있고, 아이는 명문 초등학교에 입학하며, 주말엔 걸어서 대형 서점이나 미술관을 다녀올 수 있다.

"같은 돈으로도 다른 삶을 살 수 있다. 그 차이를 만드는 건 바로 입지다."

입지의 차이는 시간이 지날수록 벌어진다
✳

입지의 차이는 단기간엔 크게 보이지 않는다. 하지만 시간이 지나면 삶의 만족도, 자녀의 교육환경, 직장과의 거리, 심지어 건강 상태까지 달라진다.

도심에 사는 사람은 퇴근 후 자녀와 산책을 하고, 주말엔 가족이 함께 취미생활을 즐긴다. 반면 외곽에서 출퇴근만으로도 지친 사람은 아이와의 시간도, 본인의 삶도 점점 사라진다.

"입지는 처음엔 눈에 안 보이지만, 시간이 지나면 결과로 드러난다."

비슷한 가격, 전혀 다른 미래
✳

5억으로 선택 가능한 두 지역을 생각해보자.

- **A지역:** 수도권 외곽, 신축, 넓은 평수, 교통 불편

- **B지역**: 서울 구축, 좁은 평수, 그러나 학군과 교통 우수

단순히 크고 새 아파트를 선택하면 만족할 수 있을까? 당장은 넓은 집에 감동할지 몰라도, 시간이 갈수록 '삶의 질'이 눈에 들어온다. 혼잡한 출퇴근길, 떨어진 학군, 멀고 불편한 상권은 결국 피로로 돌아온다.

사람은 결국 기회가 있는 곳으로 모인다. 그리고 그곳의 집이 오른다. 좁고 오래된 집이더라도, 입지가 좋다면 사람들은 그곳에 살고 싶어 한다.

"사람이 몰리는 곳엔 항상 이유가 있다. 그 이유가 곧 미래를 만든다."

입지의 핵심은 '사람'

✶

좋은 입지는 언제나 사람이 중심이다. 좋은 학교, 병원, 기업, 상권이 있다면, 사람은 자연스럽게 몰린다. 입지가 좋다는 건, 곧 '좋은 사람들이 모이는 환경'이라는 뜻이다.

이웃이 누구인지, 어떤 사람들이 함께 사는지, 어떤 문화가 자리 잡고 있는지는 집값을 넘어서 삶의 질을 좌우한다. 아이가 누구와 친구가 될지, 어떤 환경 속에서 자랄지는 단지 건물의 문제가 아

니다.

"입지는 건물이 아니라, 사람이 만든다."

교통이 입지를 바꾼다
✳

지하철역이 하나 생기면, 지역의 가치가 달라진다. GTX, 경전철, 순환선, 광역버스 노선 하나가 그 지역을 서울 생활권으로 편입시킨다.

교통망은 단순한 편리함을 넘어 '시간의 확장'을 의미한다. 서울까지 30분이면 갈 수 있는 지역과 1시간 30분 걸리는 지역은 완전히 다른 인생을 만든다. 시간은 돈보다 더 귀한 자산이다.

"교통은 그 지역의 미래를 바꾸는 열쇠다."

입지는 절대 대체되지 않는다
✳

아파트는 다시 지을 수 있다. 리모델링도 되고, 재건축도 가능하다. 하지만 입지는 바꿀 수 없다. 강남은 하나뿐이고, 여의도는 하나뿐이다.

좋은 입지는 희소성이 있다. 그 희소성은 시간이 갈수록 더 강해진다. 그래서 누구나 알고 있는 곳이더라도, 여전히 그 가치는 유지

된다. 오히려 더 오른다.

"입지는 대체 불가능하다. 시간이 갈수록 그 진가가 드러난다."

자녀의 미래는 주소지가 결정한다

✶

아이의 학교, 친구, 선생님, 학습 환경은 모두 입지에 따라 달라진다. 좋은 입지엔 명문학교가 있고, 좋은 학군이 있고, 사교육 인프라가 있다. 학군은 단순한 교육 수준의 문제가 아니다. 부모들의 인식, 공동체의 분위기, 그리고 아이가 받는 자극 자체가 다르다.

주소지가 아이의 대학을 결정짓는다는 말은 결코 과장이 아니다.

"좋은 집은 아이의 미래를 지켜주는 울타리다."

'살 수 있는가'로 시작하라

✶

입지를 판단할 때, 기준을 투자로만 보면 혼란스러워진다. 수익률, 상승률, 공급량 등 계산할 게 너무 많다. 하지만 거꾸로 생각해보자. "내가 과연 이 동네에서 살 수 있을까?" 이 질문이 더 명확한 판단을 준다.

내가 걷고 싶은 거리인지, 아이를 보내고 싶은 학교가 있는지, 밤에도 안전한지, 일터까지의 거리나 교통이 어떤지. 이런 요소들이 결국 입지의 핵심이다.

"살고 싶은 입지는, 결국 오르는 입지다."

입지를 보는 눈이 흔들리지 않게 한다

✶

사람들은 유행에 휘둘린다. 지금 많이 오르는 곳, 모두가 말하는 신도시, 유튜브에서 추천하는 지역… 하지만 그런 정보는 이미 늦었다. 진짜 중요한 건 '입지를 보는 눈'이다.

입지의 본질을 보는 눈이 있다면, 시장이 흔들려도 내 판단은 흔들리지 않는다. 그 눈이 있으면 남들보다 먼저 보고, 더 싸게 사고, 더 오래 유지할 수 있다.

"입지를 보는 눈이 생기면, 나만의 확신이 생긴다."

주소가 아니라 무대를 선택하라

✶

지금 당신이 사는 곳은 단순한 주소가 아니다. 그곳은 당신이 매일을 살아가는 무대다. 무대가 달라지면 인생이 달라진다. 좋은 무대는 당신을 더 나은 방향으로 끌어준다.

그리고 그 무대를 고르는 것은 선택이다. 가격이 아니라, 삶의 방향을 선택하는 일이다. 어디서 살 것인가가 결국 어떻게 살 것인가를 결정한다.

"입지는 당신 삶의 방향이다. 어디에 살 것인가가 곧, 누구로 살 것인가다."

'살기 위한 집'이 아니라 '살아가기 위한 집'을 찾아서

05

집은 단지 '머무는 곳'일까?

✶

어릴 적 집은 '돌아가는 곳'이었다. 학교 끝나고 뛰어들어가는 공간, 엄마의 밥 냄새가 가득했던 장소. 하지만 나이가 들면서 집은 '벗어나고 싶은 곳'이 되었다. 독립을 꿈꾸고, 더 나은 공간을 찾기 시작했다. 결혼 후엔 다시 집이 중요해졌다. 아내와 아이, 그리고 내 삶이 쌓이는 곳.

그런데 어느 순간부터, 집은 단지 자산으로만 여겨지기 시작했다. 얼마에 샀고, 얼마나 올랐고, 대출은 얼마나 남았는지. 우리는 집을 '사는 공간'이 아니라 '버티는 공간'으로 여기기 시작했다. 하지만 진짜 집은 그런 계산 속에서 존재하지 않는다. 진짜 집은, 내가 살아갈 이야기를 담는 곳이다.

"당신이 지금 사는 집은, 단지 지붕과 벽이 아니라 당신의 오늘을 담고 있는가?"

삶이 아니라 버티는 공간이 되어버린 현실

✳

지금 당신의 집은 어떠한가. 하루하루 숨만 쉬는 공간인가, 아니면 숨을 돌릴 수 있는 공간인가. 많은 사람들의 현실은 전자에 가깝다. 집이 나를 지켜주는 곳이 아니라, 나를 더 지치게 만드는 공간이 되어버렸다.

좁은 공간, 층간소음, 환기 안 되는 구조, 빛 한 줄기 들어오지 않는 방… 이런 곳에서 하루를 시작하고, 하루를 마무리한다. 그런데도 이사할 생각은 쉽지 않다. 대출이 문제고, 보증금이 문제고, 이사비가 문제니까. 그렇게 버티고 버티다 보면, 어느새 삶이 무뎌진다.

"사는 게 버티는 게 되어버린 순간, 우리는 집을 잃는 것이다."

공간은 사람을 만든다

✳

같은 사람이 다른 집에 살면, 전혀 다른 삶을 살게 된다. 빛이 잘 드는 집에 살면 아침에 눈뜨는 시간이 달라지고, 주방이 편리하면 요리를 하게 된다. 아이 방이 따로 있으면, 아이는 더 독립적인 아이로 자란다.

공간은 행동을 바꾸고, 행동은 습관을 바꾸고, 습관은 결국 사람을 만든다. 그래서 집은 단순한 구조물이 아니라, 나를 형성하는 프레임이다. 어떤 집에 사느냐는 곧 어떤 삶을 살고 싶냐는 질문이다.

"집은 사람을 만든다. 그래서 집을 고를 때는, 공간이 아니라 삶을 상상해야 한다."

가족이 자라는 집, 아니면 갇히는 집

＊

가족은 함께 사는 존재지만, 동시에 각자의 공간이 필요하다. 부모와 자녀, 부부 사이에도 일정한 거리가 필요하다. 하지만 많은 집들은 그 거리를 허락하지 않는다. 좁고 닫힌 공간에서 우리는 서로를 피곤하게 만든다.

소통은 줄고, 갈등은 늘고, 결국 가족은 집 안에서조차 서로 멀어진다. 그러면서도 집값만 신경 쓴다. 아이 방을 만들어주고 싶었지만, 학군 좋은 곳을 선택하느라 포기했다. 부부만의 공간을 원했지만, 거실에 아이 책상이 들어왔다.

"가족이 자라는 집이 아니라, 갇히는 집을 선택한 것 아닐까."

'내가 원하는 집'이 아니라 '사회가 정한 집'

✳

어느 순간부터 우리는 '이런 집은 사야 해'라는 기준에 갇혀 살게 됐다. 방 3개, 화장실 2개, 25평 이상, 신축, 학군 좋고 교통 편한 곳.

그 기준은 우리가 만든 것이 아니다. 누군가가 만들어 놓은 틀일 뿐이다. 하지만 우리는 그 틀에 맞춰 살기 위해 인생을 바꾼다. 퇴근이 늦어지고, 대출이 늘어나고, 자녀와의 시간이 줄어든다. 그리고 문득 묻는다. 이게 진짜 내가 원했던 삶이었나?

"당신이 고른 집이 당신의 기준인가, 아니면 남의 기준을 따라간 결과인가?"

가장 나다운 공간을 상상하라

✳

만약 모든 조건이 같다면, 당신은 어떤 집을 선택하겠는가? 누구 눈치도 보지 않고, 시세도 신경 쓰지 않고, 가장 당신다운 공간을 고를 수 있다면.

햇빛이 잘 드는 거실, 조용한 서재, 탁 트인 뷰, 마당이 있는 집, 아니면 도시 한복판의 작은 아파트. 사람마다 다르다. 중요한 건 그것이 당신의 선택이라는 것이다. 살아가기 위한 집은 그렇게 '나답게' 시작해야 한다.

"집은 투자 대상이기 전에, 나를 담는 그릇이어야 한다."

삶이 자라는 구조, 공간의 디테일
✶

살아가기 위한 집은 구조가 다르다. 작은 평수라도 동선이 좋고, 채광이 좋고, 공용공간과 개인공간의 균형이 맞으면 삶이 편해진다.

요리하면서 아이와 대화할 수 있는 주방, 부부가 함께 쉴 수 있는 거실, 독립된 공부방, 이런 디테일이 쌓이면 집은 삶의 도구가 된다. 단지 넓거나 비싸다고 삶이 좋아지는 게 아니다. 구조가 삶을 밀어줘야 한다.

"평수보다 중요한 건 구조다. 구조가 삶을 만든다."

나는 지금, 내 삶에 어울리는 집에 살고 있는가
✶

이 질문을 던져보자. 지금 사는 집은 나에게 맞는가? 지금의 직장, 가족 구성원, 생활 패턴에 어울리는 공간인가?

아니면 단지 '집값이 오를 것 같아서', '주변에서 좋다고 해서', '그나마 살 수 있었던 유일한 선택지라서' 선택한 집인가?

답을 알고 있다면, 이제부터 방향을 바꿔야 한다. 돈보다 중요한 건, 그 집에서 '내가 살아가는가'의 여부다.

"내 삶과 맞지 않는 집은, 결국 내 삶을 왜곡시킨다."

집은 결국 당신의 삶을 비추는 거울이다

✵

당신의 집은 어떤 모습인가? 어질러져 있는가, 햇빛이 드는가, 자주 웃음이 들리는가. 집은 당신의 하루를 담는다. 그리고 그 하루들이 쌓여 인생이 된다.

집이 어수선하다는 건, 삶이 복잡하다는 것이다. 집이 따뜻하다는 건, 삶이 평온하다는 뜻이다. 그래서 집을 바꾸면 삶이 바뀌고, 삶이 바뀌면 결국 사람이 바뀐다.

"당신의 집은 당신을 닮아 있다. 지금 그 모습은 어떤가?"

이제는 '살아가기 위한 집'을 고르자

✵

살기 위한 집은 버티는 집이다. 하지만 살아가기 위한 집은 '나를 밀어주는 집'이다.

이제는 그런 집을 고르자. 작은 평수라도 좋고, 교외라도 좋다. 단, 내가 웃을 수 있는 공간, 아이가 자랄 수 있는 공간, 삶이 자라는 공간.

그게 바로 살아가기 위한 집이다. 그 집은 오늘을 바꾸고, 내일을 설계하며, 인생을 단단하게 만든다.

"당신이 살아가야 할 공간은 어디인가. 이제, 그 답을 찾아야 할 때다."

3장

당신이
집을 반드시 사야 하는
진짜 이유

집은 '재산'이 아니라 '관계'다

01

같은 공간, 다른 거리감

✳

한 지붕 아래 산다고 해서 가까운 것은 아니다. 서로 다른 방에 들어가 문을 닫고, 휴대폰만 들여다보는 가족이 있다. 반대로, 작은 원룸에서 서로를 배려하며 살아가는 가족도 있다. 결국 집은 벽과 천장이 아니라, 사람 사이의 온도를 결정짓는 그릇이다.

한때는 '더 넓은 집'이 가족을 더 가깝게 만들어줄 거라 믿었다. 더 큰 거실, 더 많은 방, 더 좋은 인테리어. 하지만 넓은 공간은 오히려 사람 사이의 거리감을 키우기도 했다. 결국 중요한 건 크기가 아니라, 그 안에서 오가는 말, 눈빛, 그리고 식탁을 함께 차리는 마음이었다.

넓은 집에 살면서도 대화 한 마디 없이 하루를 보내는 가족들이 있다. 각자의 공간은 편안함을 주지만, 동시에 단절도 만든다. 같은 집에 있지만 마음은 점점 멀어진다. 반대로 좁은 공간은 자연스럽게 마주침을 만든다. 마주침은 소통으로, 소통은 유대감으로 이어진다.

"집이 크다고 관계도 커지는 건 아니다. 온기와 유대가 자라는 건, 공간이 아니라 마음이다."

이사할수록 멀어지는 마음

✲

자주 이사하는 가정은 가족 간의 정서적 안정감이 흔들리기 쉽다. 아이는 친구를 자주 바꾸고, 부모는 동네 사람들과의 유대감이 없다. 집이 바뀔 때마다 관계도 바뀐다. 인간관계는 '시간'이라는 토양 위에 자라는데, 이사는 그 토양을 계속 갈아엎는 행위다.

특히 아이에게는 더 큰 영향을 준다. "친구와 헤어지기 싫어"라는 말은 단순한 투정이 아니다. 그것은 이미 형성된 관계망이 끊어지는 고통에 대한 표현이다. 안정된 집은 아이에게 '관계의 뿌리'를 내릴 수 있게 도와준다. 친구, 담임 선생님, 동네 놀이터에서 만나는 익숙한 얼굴들이 주는 안정감은 단단한 정서의 기반이 된다.

그리고 부모에게도 이사는 부담이다. 짐 정리, 전입신고, 주변 환경 적응, 새로운 병원과 마트 찾기. 이런 반복은 일상에 피로를 남기고, 관계를 맺을 여유를 빼앗는다. 자주 떠나는 사람에게는 '정'이 자랄 시간이 없다.

"이사는 짐을 옮기는 일이기도 하지만, 관계를 끊는 일이기도 하다."

내 집이 있으면, 말투가 달라진다

✳

전세나 월세에 살면 말 한마디도 조심스러워진다. 소음을 걱정하고, 집주인의 눈치를 본다. 하지만 내 집이라면? 적어도 집 안에서는 조금 더 편안해질 수 있다. 말투가 달라지고, 표정이 달라진다. 아이에게, 배우자에게, 나 자신에게도.

불안은 사람을 예민하게 만든다. 내일 당장 집을 비워야 할 수도 있다는 불확실성은, 가족 간의 대화에도 긴장을 가져온다. 내 집이 있다는 건 그 긴장감을 하나 줄여주는 것이다. 적어도 집 안에서는 안심하고 웃을 수 있다는 것. 그건 결코 돈으로만 계산할 수 없는 가치다.

실제로 전세 갱신 시기마다 부부싸움이 잦아진다는 이야기를 종종 듣는다. 계약 연장 여부, 보증금 인상, 집주인의 태도 등에서 발생하는 스트레스는 고스란히 가족에게 향한다. 하지만 내 집이 있다면, 그 긴장은 사라진다. 웃는 얼굴로 저녁을 맞이할 수 있고, 아이에게 더 부드러운 말투로 다가갈 수 있다.

"안정감 있는 공간이 말투를 바꾸고, 말투가 결국 관계를 바꾼다. 말의 온도는 결국 공간의 안정성에서 시작된다."

집을 사는 건, 미래의 추억을 예약하는 일

✶

우리는 지금의 집에서 기억을 쌓는다. 아이가 처음 걸은 날, 가족이 함께 먹은 첫 생일 케이크, 비 오는 날 베란다에서 함께 앉아 있던 순간. 그 모든 장면은 '어디서' 벌어졌는가가 중요하다. 집은 기억의 배경이 되고, 시간이 지나면 추억이 된다.

전세로 이사 다니다 보면, 이 모든 순간들이 흩어진다. 과거가 없다. 주소는 남지만, 장면은 남지 않는다. 내 집이 있다면, 그 집은 가족의 앨범이 된다. 단지 사진이 아닌, 몸으로 겪은 이야기들이 담긴 공간이다. 매년 같은 벽에 아이의 키를 표시하고, 같은 창밖으로 사계절을 느낄 수 있다는 것. 그것이 바로 '기억이 쌓이는 집'이다.

시간이 흐를수록 우리는 공간을 통해 삶을 회상한다. "그땐 저 소파에서 아이가 책을 읽었지", "저 부엌에서 첫 요리를 했었지" … 이 모든 회상이 가능한 이유는 '집'이라는 고정된 무대가 있었기 때문이다.

"집을 산다는 건, 기억이 모일 수 있는 단 하나의 장소를 갖는 일이다. 기억의 중심에는 언제나 공간이 있다."

관계는 결국 '머무름'에서 생긴다

✳

가족 관계, 친구 관계, 이웃 관계. 모두 '오래 머문 사람'에게 깊어진다. 오늘 아는 사람이 내일 친구가 되고, 내년엔 지인이 되는 건, 물리적인 시간이 쌓였기 때문이다. 머물지 않으면 관계도 자라지 않는다.

내 집은 그 '머무름'을 가능하게 한다. 언제까지 살 수 있을지 모르는 공간에서는 관계를 맺기 어렵다. 오늘 친해져도, 내일 떠날지 모른다는 불안은 사람과 사람 사이의 정을 얕게 만든다. 집이 관계의 터전이 되는 이유는, 그것이 '연결의 시간'을 보장해주기 때문이다.

아이가 친구 집에서 놀다 오며 "우리도 이 동네 계속 살면 좋겠다"는 말, 동네 이웃과 마주치며 나누는 안부 인사, 편의점 아르바이트생이 얼굴을 기억해주는 일. 이런 것들이 쌓여 정이 되고, 정은 관계를 만든다. 내 집이 있기에 가능한 시간의 축적이다.

"오래된 아파트에는 오래된 관계가 있고, 그게 바로 입지보다 더 소중한 자산이다."

관계가 자라는 집은 따로 있다

✷

모든 집이 같은 관계를 만들지는 않는다. 아파트, 빌라, 다세대, 단독주택, 원룸… 형태에 따라 삶의 방식도, 대화의 빈도도 달라진다. 사람의 성격이 공간을 만들기도 하지만, 공간이 사람의 성격을 바꾸는 경우가 더 많다.

예를 들어, 거실이 중심인 집은 자연스럽게 가족이 마주칠 일이 많아진다. 하지만 방이 여러 개인 집은 각자의 방으로 흩어진다. 아파트 단지는 이웃 간 교류가 줄지만, 오래된 단독주택 골목은 유대감이 깊다. 공간 구조와 외부 환경이 관계 형성에 큰 영향을 미치는 셈이다.

특히 어린 자녀가 있는 경우, 집의 위치와 구조는 그 아이의 사회성을 좌우한다. 놀이터가 있는 아파트 단지는 자연스러운 교류를 만들어주지만, 좁은 골목에 위치한 주택가는 외출 자체가 제한되기 쉽다. 마찬가지로 부부 사이도 거실, 주방, 안방의 동선이 어떻게 구성되어 있느냐에 따라 달라진다.

"집의 구조는 관계의 구조가 된다. 내가 원하는 관계를 만들고 싶다면, 그에 맞는 집을 선택해야 한다."

내 집을 마련한 순간, 관계가 회복되었다

※

많은 사람이 이렇게 말한다. "내 집을 가진 순간, 부부 관계가 달라졌어요." 왜일까? 그건 단순히 공간의 소유 때문이 아니다. '불안'이 사라졌기 때문이다. 불안은 말을 거칠게 만들고, 마음을 닫게 만든다. 반대로, 안정은 여유를 만들고, 이해심을 만든다.

전세 계약이 끝나갈 무렵, 아이의 학교 문제로 고민하는 부부. 어느 집으로 이사할지, 비용은 어떻게 마련할지, 싸움은 자연스레 시작된다. 그런데 내 집을 마련하면? 이 모든 걱정이 사라진다. 아이도, 부부도 안정을 찾는다.

내 집 마련이 관계에 미치는 변화는 통계로도 나타난다. 결혼 만족도와 내 집 소유율 사이엔 명확한 상관관계가 있다. 마찬가지로, 부모-자녀 관계도 주거 안정도가 높을수록 긍정적 상호작용이 늘어난다. 결국 집은 단순한 자산이 아니라, 감정의 무대다.

"내 집이란, 단지의 이름이 아니라 감정의 뿌리다. 거기서 관계가 자라고, 회복되고, 다시 시작된다."

관계가 무너지는 건, 집에서부터다

※

반대로, 집이 불안정할 때 관계는 쉽게 무너진다. 대화가 줄고, 싸움이 잦아진다. 부모는 아이에게 짜증을 내고, 부부는 서로에게 원망을 쌓는다. 모든 게 '불확실성'에서 비롯된다. 다음 달에 이사를 가야 할 수도 있다는 생각은, 사람을 예민하게 만든다.

집을 옮기면서 친구가 바뀌고, 학교가 바뀌고, 직장까지 멀어지면, 일상은 금세 피로해진다. 이런 피로는 가장 가까운 사람에게 향한다. 피로는 곧 감정의 단절이다. 말이 줄고, 접촉이 줄고, 관심이 줄어든다.

주거 불안이 관계 불안을 낳고, 관계 불안이 가족을 병들게 한다. 결국 삶의 토대는 집이다. 집이 흔들리면, 그 위에 세운 관계도 흔들린다. 이혼의 원인 중 상당수가 '경제적 불안'이라는 점도 이를 뒷받침한다.

"가정은 마음의 집이다. 그러나 그 마음은 물리적 집이 안정되어야 비로소 자리를 잡는다."

따로 또 같이, 집이 허락하는 거리감

✷

요즘은 가족 구성원이 각자 방이 있는 구조를 선호한다. 프라이버시, 휴식, 집중 등 각자의 삶을 존중하는 시대다. 하지만 이럴수록 '공용 공간'의 역할이 더욱 중요해진다. 같이 밥을 먹는 식탁, 함께 TV를 보는 거실, 주말에 모여 앉는 발코니.

이런 공간이 없다면 가족은 섬처럼 살아간다. 가까이 있어도 멀다. 그래서 내 집을 고를 땐, 방 개수만 보지 말고, '함께할 공간'이 어떻게 설계되어 있는지를 봐야 한다. 그것이 관계를 지켜주는 집의 기능이자, 그 집이 주는 감정의 구조다.

실제로 가족 간의 유대감이 높은 집은 작은 부엌 식탁에서부터 시작되었다는 사례도 많다. 집의 구조가 식사와 대화를 이끄는 것이다. 가족의 하루가 만나고 흩어지는 지점, 바로 그 교차점이 '좋은 집'의 핵심이다.

"집은 서로 다른 삶을 살아가는 가족이 '다시 만날 수 있는' 장소여야 한다. 따로 살되, 함께 연결될 수 있게."

집은 결국, 사랑이 머무는 가장 현실적인 공간이다

✳

사랑은 말로만 되는 게 아니다. 서로의 생활이 닿고, 일정이 겹치고, 시간이 축적되면서 생긴다. 그런 의미에서 집은 사랑이 '살 수 있는' 유일한 공간이다. 여행지의 설렘은 일시적이지만, 집의 애정은 지속적이다. 반복되고, 일상 속에 스며든다.

가장 많은 싸움이 일어나는 곳도 집이지만, 가장 많은 화해가 이뤄지는 곳도 집이다. 사랑은 그렇게 공간을 타고 흐른다. 아침 인사, 퇴근 후 안부, 식사 준비, 침대에서의 속삭임. 이 모든 사랑의 장면들은, 집이라는 울타리 안에서만 존재할 수 있다.

    결국 집이란, 사랑을 담는 그릇이다. 그리고 그 그릇이 안정적일수록 사랑은 오래 간다. 우리는 결국, 사랑하고 사랑받기 위해 집을 짓는 것이다.

    "집은 사랑을 실현하는 가장 구체적인 공간이다. 감정은 공간 위에 자라고, 관계는 그 공간 안에 머문다."

집은 '시간'을 담는 그릇이다

02

집의 벽에는 시간이 스며든다

✳

낡은 벽지, 닳은 마루, 색이 바랜 커튼. 처음엔 교체해야 할 대상이었다. 하지만 시간이 지나고 보니, 이 모든 것에는 우리의 시간이 녹아 있었다. 벽지에 묻은 얼룩은 아이가 벽에 낙서하던 흔적이고, 삐걱대는 마루는 아이가 뛰놀던 소리의 잔향이었다.

우리는 그 공간 안에서 나이 들고, 싸우고, 화해하고, 사랑하고, 다시 혼자가 되었다. 세월은 사진보다 공간에 더 선명히 남는다.

"집은 시계보다 정직하게 시간을 말해주는 장소다."

가족의 계절이 흐르는 집

✳

봄이면 창틀에 벚꽃잎이 들고, 여름이면 베란다에서 선풍기 바람을 맞았다. 가을엔 베란다에 감을 말렸고, 겨울이면 모두가 거실에 모여 담요를 덮고 TV를 봤다.

집은 단지 네 벽으로 이루어진 고정된 구조물이 아니었다. 그것은 우리가 보내온 계절들이 겹겹이 쌓인 '시간의 아카이브'였다. 아이가 자라면서 키를 재던 문틀, 결혼식 사진이 걸려 있던 벽, 부모님의 생신상을 차리던 식탁.

"시간은 흐르지만, 공간은 그 시간을 기억한다."

사진보다 선명한 기억은 공간에 있다

✳

많은 사람들이 이렇게 말한다. "그때의 감정이, 그 집의 냄새에 있었다." 음식 냄새, 세탁기 소리, 아침에 울리는 알람. 이런 일상의 반복이 시간을 새긴다. 사진은 눈으로만 기억되지만, 공간은 오감으로 기억된다. 그리고 그 감각은 오랫동안 남는다.

할머니가 앉아 계시던 소파, 아버지가 아침마다 신문을 읽던 의자, 아이가 밤마다 잠들던 작은 방. 그 공간들은 모두 가족이라는 시간의 조각들이었다.

"사진은 순간을 기록하고, 집은 시간을 저장한다."

이사란, 시간을 한 번에 접는 일이다

✳

이사를 하게 되면 우리는 많은 물건을 정리한다. 하지만 그 물건보다 더 아쉬운 것은 그 공간에 남은 시간들이다.

어떤 자리는 아직도 따뜻했고, 어떤 방은 여전히 아이의 웃음소리가 나는 것 같았다. 새로 이사한 집이 더 넓고 더 좋아도, 이전 집이 주는 감정은 쉽게 잊히지 않는다. 왜냐하면 그 집은 나의 시간이었기 때문이다.

그래서 많은 사람들이 이사를 하고도, 예전 집 앞을 지나치지 못하고 한참을 바라본다. 그곳에는 아직 내가 살아 있는 것 같아서.

"이사는 짐을 옮기는 일이 아니라, 시간을 한 번에 접는 일이다."

집을 떠나야 알게 되는 것들

✳

정든 집을 떠나야 할 때가 있다. 자식들이 모두 떠나고, 이제는 넓은 공간이 무의미할 때. 혹은 계약이 끝나 더 이상 머무를 수 없을 때. 그때 우리는 알게 된다. 이 집이 단지 공간이 아니라, 내 시간의 일부였다는 것을.

냉장고 위에 붙여 둔 메모, 벽에 걸린 시계, 욕실에 놓인 칫솔. 그런 사소한 것들이 모여 하나의 시간이 된다. 그리고 그 시간을 떠나는 것은 마치 '나'의 한 부분을 잘라내는 것 같은 아픔이다.

"집을 떠날 때마다, 나는 내 시간을 한 조각씩 잃는다."

집은 아이의 성장 기록이다

✳

아이의 첫 걸음마, 유치원 등원, 초등학교 입학. 모든 중요한 순간이 그 집에서 시작된다. 책상 위에 놓인 알림장, 문에 붙여둔 상장, 냉장고에 자석으로 고정된 그림. 아이의 성장 과정이 그 공간 안에 새겨진다.

그래서 부모는 아이와 함께 자란 집을 쉽게 버리지 못한다. 그것은 단순한 감상이 아니라, 아이의 시간을 기억하려는 본능이다. 아이의 시간이 담긴 공간을 지우는 것은, 부모에게도 그 시간을 놓는 일이기 때문이다.

"아이의 시간은 집을 통해 기록되고, 그 기록은 부모의 마음에 남는다."

노년의 시간, 집은 나의 마지막 증언자다

✳

70대, 80대가 되어갈수록 우리는 점점 더 조용해진다. 사람도 덜 만나고, 대화도 줄어든다. 그때 집은 더 큰 의미를 갖게 된다. 말없이 하루를 보내는 중에도, 그 집은 여전히 나의 과거를 말해준다.

사진보다 선명하게, 일기보다 솔직하게. 바닥의 스크래치 하나에도 내 분노가, 창틀에 낀 먼지에도 내 게으름이 남아 있다. 그래서 집은 마지막까지 나를 설명해주는 '증언자'가 된다.

"사람들이 다 잊어도, 집은 기억한다. 집은 나의 마지막 목격자다."

시간은 흐르지만, 기억은 머문다

✳

결국 집은, 흐르는 시간을 담는 그릇이다. 우리는 늙어가고, 아이들은 자라가고, 친구들은 떠나지만, 집은 그 모든 것을 담아낸다.

그래서 좋은 집이란, 크고 화려한 집이 아니다. 내가 살아온 시간을 온전히 담아낸 집이다.

낡은 소파, 오래된 커튼, 색 바랜 벽지. 그 모든 게 시간이다. 그 시간이 쌓일 수 있도록 하는 것이 집의 본질이다.

"집은 과거를 잊지 않게 해주고, 현재를 살게 해주며, 미래를 준비하게 한다."

기억이 머무는 집이 진짜 집이다

✵

집을 살 때 우리는 위치, 가격, 평수만 본다. 하지만 진짜 집은, 내 기억이 머물 수 있는 곳이어야 한다.

과거의 나는 이 집 안에서 웃었고, 울었고, 참았고, 기뻐했다. 미래의 나는 그 기억 위에 또 다른 시간을 쌓아갈 것이다.

그래서 집을 살 때, 머물 곳이 아니라 기억이 쌓일 곳을 찾아야 한다.

"공간은 빌릴 수 있어도, 시간은 빌릴 수 없다. 시간을 담을 집이 필요하다."

결국 집은, 나 자신이다

✵

내가 어디에 살았는지, 어떤 구조의 집에 머물렀는지, 그것은 결국 내 삶의 방식과 닮아 있었다. 나는 어떤 집을 선택했고, 그 안에서 어떤 시간을 보냈는지. 그것이 곧 나의 인생이다.

그러니 집을 가볍게 여기지 말자. 집을 사는 일은 나의 미래를 선택하는 일이며, 나의 시간을 설계하는 일이기도 하다.

"집은 나의 거울이다. 내가 어떤 시간을 살았는지, 그 집이 다 말해준다."

집은 나를 존중하는 첫 번째 선택이다

03

나는 왜 아직도 남의 집에 사는가?

✱

"열심히 살면 언젠가는 내 집이 생기겠지." 수많은 사람들이 그렇게 믿었다. 하지만 현실은 다르다. 열심히 살아도, 계획을 세워도, 내 집 하나 갖기가 이토록 어렵다. 더 이상은 단순한 경제 문제가 아니다. 집이 없다는 건 내 인생이 여전히 누군가에게 '빌려진 삶'이라는 것이다. 언제든 나가달라는 말을 들을 수 있는 곳에서, 어떻게 존중받는 삶을 꿈꿀 수 있을까.

전세 만기일에 맞춰 짐을 싸고, 보증금 인상 통보에 긴장하고, 작은 수리 하나에도 집주인의 허락을 받아야 하는 삶. 이 모든 과정은 누군가에겐 익숙함이 아니라, 고통이다. 왜냐하면, 집이 없다는 건 단지 공간이 없는 게 아니라, 내 삶을 스스로 설계할 수 없는 위치에 있다는 뜻이기 때문이다.

"나는 왜 아직도, 나를 존중하지 못한 채 살고 있을까?"

시간은 계속 흐른다. 그리고 그 시간 속에서 우리는 끊임없이 나를 증명해야 한다. 직장에서는 성과로, 가정에서는 역할로, 사회에서는 책임으로. 그런데 그 모든 것을 다 해내고도, '내 집 하나 없이 살아간다'는 감정은 때로 내 존재 자체를 부정하게 만든다. 누군가는 말한다. "집은 있어도 그만, 없어도 그만이야." 하지만 나는 안다. 그 말이 얼마나 비겁한 위로인지.

집이 없다는 건 늘 타인의 눈치를 본다는 뜻이고, 늘 변수를 감수해야 한다는 의미다. 언제든 집주인이 집을 팔겠다 하면 나가야 하고, 전세금을 올리겠다고 하면 방법 없이 끌어와야 한다. 선택권은 항상 '그들'에게 있고, 나는 늘 '대응'하는 위치에 놓인다. 그렇게 쌓인 무력감은, 나를 점점 더 작고 위축되게 만든다.

존중받고 싶다면, 그 시작은 내가 나를 존중하는 것부터다. 그리고 그 존중의 첫 걸음은, 더 이상 빌려 쓰지 않는 삶이다. '내가 정한 장소에서, 내가 원하는 방식으로 살아가는 것'이 진짜 존중이다.

존중받지 못한 삶이 자존감을 무너뜨린다

✳

집이 없다는 사실은 단순히 자산의 부족이 아니다. 그건 나에 대한 신뢰, 나에 대한 존중, 나에 대한 확신이 부족하다는 말이다. 우리는 남의 집에 살면서, 작은 목소리로 말하고, 눈치 보며 살았다. 가족에게 당당하지 못했고, 아이에게도 "우리는 곧 이사 갈 수도 있어"라는 말을 입에 달고 살았다.

그렇게 우리는 집이라는 '물리적 공간'이 주는 안정감의 결핍 속에서, '존중받는 삶' 자체를 놓쳤다. 그리고 어느 순간부터는 자신에게조차 말하지 않게 된다. "나도 내 집을 가져도 된다고."

그 상실은 깊다. 누군가는 대출을 두려워하고, 누군가는 청약을 포기하며 산다. 그 모든 이유 뒤에는 '나는 안 될 거야'라는 포기가 숨어 있다. 그렇게 무너진 자존감은 삶 전체의 색깔을 바꾼다. 내 선택은 언제나 보수적이고, 내 감정은 항상 방어적이며, 내 꿈은 더 이상 미래를 향하지 않는다.

자존감이란, 말로 쌓이는 것이 아니다. 그것은 경험으로, 현실로, 결과로 증명되어야 한다. 그리고 그 첫 경험이 될 수 있는 것이 바로 '내 집 마련'이다. 누구의 허락 없이, 나의 선택으로 이루어진 공간. 거기서부터 우리는 다시 자존감을 회복할 수 있다.

"집이 없다는 것은, 곧 나의 삶을 스스로 책임질 수 없다는 느낌을 준다. 그리고 그것은 나를 점점 더 작게 만든다."

집을 갖는 것은 '통제권'을 되찾는 일이다

✳

우리는 종종 삶이 불안정하다고 느낀다. 그 불안은 어디서 오는 걸까? 바로 '내가 머무는 공간에 대한 통제권이 없다'는 것에서 시작된다. 집이 없으면 내 생활의 루틴조차 안정되지 않는다. 내년 이맘때 어디에 살고 있을지 알 수 없고, 아이의 학교도 언제든 바뀔 수 있다.

생활의 기본 단위가 흔들리면, 우리의 감정도, 관계도, 계획도 함께 흔들린다. 반대로 말하면, '내가 통제할 수 있는 내 집'을 갖는 순간부터, 우리는 다시 나의 삶을 구성할 수 있게 된다. 자기 결정권의 출발점은 바로 '집'이다.

'지금 이 집에서 나는 얼마나 오래 살 수 있을까?'라는 질문에 '모른다'라고 대답하는 사람은, 이미 삶의 일정 부분을 타인에게 맡긴 것이다. 반면 '여긴 내가 결정한 집이야'라고 말할 수 있다면, 그는 이미 삶을 주도하고 있는 사람이다.

통제권은 외부에서 주어지는 게 아니다. 집이 없으면, 삶의 구조가 매번 외부 변수에 휘둘리게 된다. 재개발, 전세난, 금리 인상. 모든 것이 남의 이야기 같지만, 결국 나의 거주지에 영향을 미친다. 하지만 내 집이 있다면, 최소한 삶의 기반은 지킬 수 있다.

"삶의 방향을 바꾸고 싶다면, 먼저 삶을 머무를 곳부터 내 것으로 만들어야 한다."

자존감은 거주지에서 시작된다

✳

사람은 공간에 영향을 받는다. 좁고 어두운 공간은 우리의 기분을 침체시키고, 불안정한 거주는 자존감을 깎아내린다. 반면 내가 선택한 공간, 내가 마련한 공간, 내가 스스로 만든 집은 나에게 긍지를 준다. 그 공간에 서 있는 나 자신에게 말할 수 있게 된다.

"수고했다, 여기까지 오느라."

아이에게 "이 집은 엄마, 아빠가 힘들게 만든 집이야"라고 말해줄 수 있을 때, 부모로서의 자신감도 달라진다. 친구를 초대할 수 있고, 손님을 맞이할 수 있는 당당함. 그 모든 건 '내 집'에서 시작된다.

자존감이란, 누군가가 대신 올려주는 것이 아니다. 외모나 스펙, 소득보다도 더 본질적인 것은 '나의 기반이 되는 장소'다. 그곳이 얼마나 안전하고, 의미 있고, 나를 닮아 있는지가 나를 정의한다. 거기서부터 자존감은 다시 쌓인다.

"자존감은 말로 세워지지 않는다. 공간에서 시작된다."

집은 타인과의 경계이자, 나만의 보호막이다

✷

누구나 삶에서 자신만의 '경계'가 필요하다. 그리고 그 경계는 물리적 공간인 집에서 출발한다. 내가 거부할 수 있는 공간, 내가 초대할 수 있는 공간. 타인의 간섭 없이, 내가 만든 룰을 지킬 수 있는 공간.

지금 우리는 너무 많은 것을 공유한다. 사생활도, 대화도, 관심도. 하지만 그런 시대일수록, '오롯이 나를 위한 공간'은 더욱 중요해진다. 내 감정을 가라앉힐 수 있는 곳, 내 생각을 정리할 수 있는 곳. 세상과 연결되되, 단절할 수 있는 능력. 그 힘은 '내가 주인인 공간'에서부터 생겨난다.

건강한 관계를 만들기 위해서도 '내 공간'이 필요하다. 연인 사이도, 가족 사이도, 친구 사이도, 적절한 거리와 경계가 있어야 오래간다. 하지만 그 경계를 만들기 위해선 물리적 기반이 필요하다. 집은 그 출발점이다.

"타인과 건강한 경계를 세우고 싶다면, 그 시작은 내 집이어야 한다."

집은 내가 나에게 주는 가장 확실한 선물이다

✷

집을 마련하는 순간은 누군가에게 인생의 가장 큰 선물이 된다. 그것은 단지 돈의 가치가 아니라, '나 자신을 인정하는 상징적 사건'이기 때문이다. 수많은 좌절과 불안 속에서, 나는 드디어 내 공간을 만들었다는 의미다.

이 집은, 다른 누구도 아닌 바로 나 자신에게 주는 첫 번째 보상이다. 고된 야근과 새벽의 출근길, 아이를 키우며 흘린 눈물, 저축하며 참았던 수많은 소비들. 그 모든 순간들이 이 한 채의 집에 담겨 있다.

이 집을 바라볼 때마다, 나는 스스로에게 말할 수 있다.

"그래도 너, 잘 살아왔구나."

그리고 이 집이 있기에, 내일도 버틸 수 있다. 인생이 버겁고 현실이 냉혹할지라도, 돌아올 집이 있다는 사실 하나만으로 사람은 다시 살아간다. 그러니 이 집은 단지 벽과 천장이 아니다. 나의 삶 전체를 축복하는 공간이다.

"집은, 내가 나에게 건네는 가장 따뜻한 위로이자 선물이다."

집은 내 감정을 보호하는 가장 안전한 울타리다

✳

우리는 매일 감정을 소모하며 살아간다. 출근길의 스트레스, 직장에서의 불안, 인간관계에서의 갈등. 이 모든 감정을 우리가 마주하게 되는 가장 첫 번째 공간이 바로 집이다. 그런데 그 집이 남의 공간이라면, 그 집이 불안정하다면, 그 감정의 회복은 요원해진다.

내 감정을 가장 솔직하게 드러낼 수 있는 공간, 그것이 집이다. 아무도 없는 거실에서 소리 내어 울 수 있고, 방 안에서 조용히 나를 추스를 수 있으며, 부엌에서 천천히 나를 위로할 따뜻한 밥을 지을 수 있는 곳. 그 모든 것이 '내 집'이라는 조건이 있을 때 가능하다.

남의 집에선 마음껏 울 수도, 크게 웃을 수도 없다. 내가 온전히 나로 존재하기 위해 필요한 건, 나를 있는 그대로 받아줄 공간이다. 집은 단순한 쉼터가 아니라, 내 감정의 가장 깊은 내면을 담을 수 있는 그릇이다.

집은 나에게 묻지 않는다. 어떤 하루였는지, 얼마나 힘들었는지, 오늘은 왜 늦게 들어왔는지. 하지만 그 안에 있는 공기, 조명, 온도, 그리고 익숙한 소리들은 내 감정을 조용히 어루만진다. 그것이 진짜 위로다.

정서적 안정은 결코 사치가 아니다. 그건 살아가는 데 있어 필수 요소다. 그리고 그 정서적 안정을 가장 처음 제공해줄 수 있는 것이 내 집이다. 그래서 집은 내 감정을 지키는, 가장 본질적인 방패다.

"감정이 무너지지 않도록, 삶을 안아줄 공간이 필요하다. 그게 집이다."

내 집은 나의 선택이 만들어낸 가장 현실적인 결과다

✷

많은 사람들이 말한다. "운이 좋아야 집을 산다." 물론, 운도 작용한다. 하지만 내가 지금 어디서 살고 있느냐는 운이 아닌 선택의 결과다. 청약을 공부했는지, 대출 제도를 파악했는지, 투자 타이밍을 고민했는지. 그 모든 것들이 모여 결국 지금의 삶을 만든다.

내가 내린 수많은 선택의 총합이 내 현재 집이다. 그게 전세든, 월세든, 내 집이든. 그 어떤 것도 우연히 주어진 것은 없다. 그러니 지금부터라도 선택을 바꿔야 한다. 내일의 거주지를 바꾸려면, 오늘의 결정을 바꿔야 한다.

"나는 집과는 상관없는 사람"이라는 말은, 결국 스스로를 포기한 사람의 핑계일 수 있다. 지금은 집값이 비싸서, 지금은 대출이 어려워서, 지금은 아이가 어려서. 그 모든 이유 뒤에는 행동하지 않는 자신이 있다.

하지만 바꾸려는 사람은 방법을 찾고, 포기한 사람은 이유만 찾는다. 인생은 늘 선택의 연속이다. 그리고 그 선택의 가장 결정적인 결과물이 바로 '집'이다.

내 집을 갖는다는 건, 나의 선택이 옳았다는 증거다. 그것은 더 이상 누군가의 보장이 아닌, 내 삶의 성과다.

"지금 사는 곳이 나의 선택을 말해준다. 그리고 그 선택은 나의 인생을 말해준다."

우리는 결국, 집이 있는 사람과 없는 사람으로 나뉜다

✲

사회는 점점 더 이분화되고 있다. 자산 격차, 교육 격차, 기회의 격차. 그 모든 격차의 출발점에는 집이 있다. 집이 있는 사람은 자산을 불리고, 대출을 활용하며, 자녀 교육의 기반을 다진다. 반면 집이 없는 사람은 임대료에 허덕이고, 이사 준비에 불안하며, 미래를 계획하지 못한다.

이제는 인생의 갈림길이 '집이 있느냐, 없느냐'로 나뉘는 시대다. 처음엔 다들 비슷하게 출발했지만, 10년 후, 20년 후의 모습은 집 하나로 완전히 달라진다. 슬픈 현실이지만, 이걸 직시하지 않으면 더 큰 후회로 돌아온다.

집을 가진 사람은 말한다. "처음엔 나도 무서웠지만, 시작하길 잘했다." 반면 집을 갖지 못한 사람은 말한다. "그땐 왜 그렇게 주저했는지 모르겠다."

그 차이는 작게는 수천만 원, 크게는 수십억 원으로 벌어진다. 그리고 그것이 자녀 세대에까지 영향을 미친다. 더 이상 감정의 문제가 아니다. 집은 선택의 차이를 넘어, 삶의 레벨을 결정하는 기준점이다.

"집은 인생의 기회비용이다. 지금 가지 않으면, 평생 따라잡기 힘든 격차가 된다."

내 삶의 주인은 결국 나다, 그러니 집도 나의 것이어야 한다
✷

우리는 너무 많은 시간을 남이 정해준 집에서 보냈다. 부모의 집, 집주인의 집, 회사 근처의 임시 거처. 그 공간들에서 우리는 늘 누군가의 기준에 맞춰 살아야 했다. 그 공간이 나의 삶을 규정하고, 내 존재를 제약했다.

이제는 나의 기준, 나의 감정, 나의 필요에 따라 공간을 선택할 때다. 누가 뭐라 하든, 내가 좋다면 그만이다. 내가 원하고, 내가 계획한 곳에, 내가 스스로의 기준으로 만든 공간. 그것이 진짜 '내 삶'의 시작이다.

내 삶의 주인은 나다. 하지만 집이 없으면 나는 여전히 타인의 틀 안에서 존재한다. 내 집이 있어야 내가 주도권을 쥔다. 오늘은 내가 선택한 소파에 앉고, 내가 고른 커튼을 치고, 내가 좋아하는 음악을 마음껏 틀 수 있는 공간. 그게 내가 만든 삶이다.

이 모든 것이 사소해 보일 수 있다. 하지만 그 사소함이 모여 나를 구성한다. 그리고 그 모든 시작은, 내 집을 갖는 순간 시작된다.

"삶의 주인이 되고 싶다면, 그 공간부터 내 것으로 만들어야 한다. 집은 내가 나를 존중하는 가장 현실적인 선언이다."

집이란, 결국 내가 나를 포기하지 않게 하는 장치다

04

무너지고 싶을 때, 나를 붙잡아주는 단 하나의 공간

✳

사람은 누구나 무너질 수 있다. 갑작스러운 실직, 인간관계의 실패, 사업의 좌절, 건강의 악화. 인생은 예측할 수 없는 사건들로 가득하고, 그 어떤 순간엔 우리가 의지할 곳 하나 없다고 느껴질 수도 있다. 바로 그 순간, 가장 먼저 우리를 받아줘야 하는 공간이 집이다.

지쳐서 돌아왔을 때, 문을 열고 들어가는 그 공간. 아무도 간섭하지 않고, 내 눈물을 들키지 않고, 그냥 조용히 내 마음을 풀어놓을 수 있는 그곳. 그게 바로 집이다. 우리는 종종 이 사실을 잊는다. 집이란 존재가, 단지 부동산이 아닌 '회복의 기지'라는 사실을.

"나는 무너져도, 이 집은 나를 다시 세워준다."

내가 무너지지 않게 지켜주는 것. 그것이 집이 가진 가장 큰 의미다. 밖에서는 아무리 초라하고 실패한 존재라 하더라도, 집 안에 들어와선 누구도 나를 판단하지 않는다. 집은 나를 위한 가장 마지막 보호선이다.

세상에 밀려날 때, 나를 중심에 세우는 공간

✳

살다 보면 우리가 서 있는 자리가 점점 뒤로 밀린다는 느낌을 받는다. 회식 자리에서 말 한 마디 못 꺼내는 자신, 아이 교육 문제로 눈치 보는 부모, 계약 하나 못 따내고 좌절하는 가장. 세상은 우리를 밀어낸다. 그럴 때마다 우리는 한 발, 또 한 발 뒤로 물러선다.

그런데 그 뒤로 물러섰을 때 마지막으로 닿는 공간이 어디인가? 바로 집이다. 더 이상 물러설 곳이 없는, 나를 지탱하는 마지막 울타리.

집은 우리를 중심에 세운다. 밖에서는 아무도 나를 중심에 두지 않지만, 집 안에서만큼은 내가 중심이다. 내가 앉는 자리가 중심이고, 내가 머무는 방향이 기준이다. 아무리 세상에 치여도, 집 안에서는 내가 주인이다. 그 감각 하나가, 삶을 버티게 해준다.

"세상이 날 밀어도, 집이 나를 다시 중심으로 불러세운다."

내가 나를 포기하지 않도록 붙드는 마지막 끈

✶

스스로를 포기하고 싶을 때가 있다. 뭐 하나 이뤄놓은 게 없고, 가진 것도 없고, 미래는 불안하고. 그럴 때 가장 먼저 포기하고 싶은 게 자기 자신이다. "나는 안 돼." "나는 이미 틀렸어." 그런 말이 마음속에 자리잡기 시작하면, 삶은 아주 빠르게 무너진다.

그 무너짐을 막아주는 게 무엇일까? 사람일까? 돈일까? 아니다. 의외로, 그건 공간이다. 내 공간, 내 자리가 나를 다시 잡아준다. 집이라는 물리적 공간이 주는 '존재의 증거'는 생각보다 강력하다.

집 안의 물건들이 나의 역사다. 벽에 걸린 가족 사진, 책상 위의 노트북, 싱크대 옆의 식기들. 이 모든 것이 나라는 사람의 궤적을 보여준다. 내가 헛살지 않았다는 걸, 내가 이 삶을 버리지 않았다는 걸 말해준다.

집은 그래서 나를 잊지 않게 한다. 내 삶이 아직 끝나지 않았다는 걸, 아직 살아 있다는 걸 증명해준다. 그 감각은, 다시 나를 붙잡게 만든다.

흔들릴 때, 나를 고정시켜주는 정서적 닻

✶

세상이 빠르게 변하고 있다. 기술도, 가치관도, 인간관계도. 이 변화

속에서 우리가 느끼는 가장 큰 감정은 '불안'이다. 그 불안은 삶 전체를 흔든다. 그럴 때 필요한 건 나를 붙들어 줄 닻이다.

그 닻이 바로 집이다. 아무리 세상이 바뀌어도, 내가 문 열고 들어갈 때 익숙한 냄새가 나고, 내 자리에 놓인 소파가 있고, 매일 쓰는 컵이 같은 자리에 있다는 것. 그런 **변하지 않는 요소**가 나를 중심에 고정시켜준다.

심리학에서 '안정 애착'이란 개념이 있다. 누군가 나를 계속 똑같은 방식으로 반겨주고 지켜줄 때, 우리는 안정감을 느낀다. 집은 그런 역할을 하는 물리적 존재다. 매일 같은 모습으로, 같은 방식으로 나를 받아주는 집. 그 안정감은 흔들리는 나를 고정시켜준다.

그래서, 집은 내 인생의 최후의 보루다

✳

마지막까지 지키고 싶은 공간이 있다면, 그건 집이다. 누가 뭐래도 이 공간만큼은 남기고 싶고, 빼앗기고 싶지 않다. 왜냐하면 이 공간이 무너지면, 나도 무너지기 때문이다.

내가 아무것도 아닐 때도, 집은 나를 보호해줬다. 아플 때도, 실직했을 때도, 인간관계가 다 끊겼을 때도. 집은 유일하게 나를 기다려줬다. 그러니 이제는 내가 그 집을 지켜야 할 차례다.

그 어떤 투자보다, 어떤 사치보다, 내 집을 갖는 것은 나 자신을 지키는 가장 확실한 방법이다. 그 집이 크지 않아도 좋다. 오래돼도 괜찮다. 하지만 분명한 건, 그 집이 내 이름으로 되어 있어야 한다는 것이다.

왜냐하면 그건 단지 '공간 확보'가 아니라, '삶의 존속권'을 갖는 일이기 때문이다. 집이 있어야 나는 나를 포기하지 않는다.

"나는 끝까지 나를 포기하지 않겠다. 그래서, 나는 내 집을 갖는다."

집이 무너질 때, 마음도 함께 무너진다

✳

집이 없다면, 삶의 균형이 쉽게 무너진다. 불안정한 거주 환경은 단지 물리적인 문제가 아니다. 그것은 곧 감정의 문제로, 정서적 안정을 깨뜨리는 직접적인 요인이 된다. 방 한 칸에서 세 식구가 살아야 할 때, 누군가의 눈치를 보며 소리 죽여 웃고 울어야 할 때, 삶은 점점 초라해지고 작아진다.

이사 날짜를 걱정하고, 보증금을 감당하지 못해 주인 눈치를 보며 사는 삶은 끝없는 불안 속의 나날들이다. 그 불안은 곧 자존감의 상실로 이어지고, 사람은 더 이상 자신을 믿지 못하게 된다.

"사는 곳이 바닥이면, 마음도 금방 무너진다."

나는 왜 나를 가장 중요한 존재로 두지 않았을까

✷

우리는 늘 가족을 위해, 자녀를 위해, 부모를 위해 살아간다. 그런데 정작 자신을 위한 선택은 항상 뒤로 미룬다. 나중에, 언젠가, 시간이 나면… 하지만 그 '나중'은 좀처럼 오지 않는다. 그렇게 몇 년이 흐르면, 나를 위한 시간은 사라지고 만다.

내가 나를 가장 중요하게 여기지 않으면, 세상 누구도 나를 존중하지 않는다. 집을 갖는다는 건 단지 재산을 얻는 게 아니다. 그것은 나를 존중하는 첫 번째 선언이다. 나에게도 좋은 공간에서 살 권리가 있고, 안락한 공간에서 쉴 자격이 있다.

"집은 내가 나를 대하는 태도의 결정체다."

자존감은 결국 공간에서 온다

✷

사람은 살아가는 동안 수많은 실패와 상처를 겪는다. 하지만 그 상처를 회복하는 공간이 없다면, 마음은 점점 피폐해진다. 자존감은 거창한 말이나 외부의 인정에서 오는 것이 아니다. 그것은 매일 아침 눈을 뜨는 공간, 하루를 마감하는 공간에서 만들어진다.

남의 집에 살면, 나는 늘 작은 존재가 된다. 조심스럽고, 눈치를 보고, 언제든 떠날 준비를 해야 한다. 하지만 내 집이 있으면 달라진다.

오늘 하루를 잘 버틴 나를 칭찬할 수 있고, 소중하게 여길 수 있다. 그 작은 공간이 나를 다시 일으키는 힘이 된다.

"내 집이란, 자존감을 회복할 수 있는 마지막 피난처다."

공간은 사람을 바꾼다

✳

공간은 단지 머무는 곳이 아니다. 그것은 삶의 태도, 생각의 방식, 인간관계까지 바꾸는 힘을 갖고 있다. 지저분하고 무질서한 공간에 살면, 마음도 그렇게 변한다. 반대로 깔끔하고 따뜻한 공간은 사람을 차분하게 만들고, 스스로를 존중하게 만든다.

그런데 그 공간이 남의 것이면, 나는 온전히 나를 표현할 수 없다. 인테리어 하나도 마음대로 하지 못하는 곳에서 어떻게 자아를 정립하겠는가. 내 공간을 가꾼다는 것은, 결국 나를 돌보는 일이다. 그것이 반복되면, 삶 전체가 달라진다.

"사람은 공간을 만들고, 공간은 다시 사람을 만든다."

집이란, 내가 나를 포기하지 않게 하는 장치다

✳

살다 보면 정말 힘든 순간이 온다. 직장을 잃거나, 관계에서 상처를 입거나, 건강이 무너지거나. 그럴 때 가장 먼저 생각나는 건 '그래도 내가 쉴 수 있는 집은 있어야 한다'는 절박함이다.

집이 없으면, 힘든 시기를 견딜 수 없다. 나를 받아줄 공간이 없다는 건, 나를 다시 세울 기회조차 없다는 뜻이다. 그래서 집은 곧 생존이고, 회복이며, 나 자신을 지키는 마지막 보루다.

집이 있다는 건, 내가 나를 아직 포기하지 않았다는 증거다. 아무리 힘들어도, 나는 이 공간에서 다시 살아볼 수 있다는 희망이 된다. 그것이 집의 힘이고, 본질이다.

"집은 내가 나를 포기하지 않게 붙잡아주는 마지막 끈이다."

집은 결국,
내가 세운 삶의 기준이다

05

기준 없는 삶은 떠도는 배와 같다

✷

우리는 누구나 인생의 항로를 그리며 살아간다. 하지만 그 항로를 결정하는 것은 언제나 '기준'이다. 기준이 없다면, 삶은 바람 부는 대로, 유행 따라 흔들리는 돛단배가 된다. 그런 인생은 목적지가 없다. 가야 할 방향도, 멈춰야 할 이유도 불분명하다. 그저 하루하루 살아남기 위해 떠밀리는 삶.

집이 없는 삶이 바로 그렇다. 언제 이사를 가야 할지 모르는 삶. 보증금 오르지 않기를 바라는 삶. 그런 인생은 삶의 기준을 세울 수 없다. 누구와 친구가 될지, 어떤 학교에 아이를 보낼지, 심지어 어떤 일을 선택할지도 공간에 따라 결정된다. 기준이 없으니, 주체적인 삶도 없다. 그저 어딘가 얹혀 사는 인생일 뿐이다.

"삶에 기준이 없으면, 나는 세상의 변덕 앞에 속수무책이다."

내 기준이 아닌, 남의 기준에 맞춰 살아간다는 것

✳

전세나 월세로 사는 사람은 단 한 번도 자기 기준으로 집을 고르지 못한다. 좋은 위치, 좋은 구조, 나에게 맞는 가격… 그런 건 중요하지 않다. 집주인의 요구, 시세의 압박, 대출의 한계에 따라 고르는 집. 그것은 '내가 원하는 집'이 아니라 '그나마 가능한 집'이다.

그렇게 살아가면 삶 전체가 남의 기준에 갇힌다. 옷차림도, 말투도, 생활 습관도 집주인의 눈치를 보며 정해진다. 집이라는 공간이 나의 기준이 되지 못하면, 나는 늘 남의 경계 안에서만 존재하게 된다.

"남의 공간에 사는 순간, 내 삶의 기준은 타인의 손에 맡겨진다."

공간이 기준이 될 때, 인생은 바뀐다

✳

집을 갖는 순간, 가장 먼저 달라지는 건 마음이다. 내 기준대로 정리할 수 있고, 내 취향대로 바꿀 수 있으며, 내 계획대로 설계할 수 있다. 그것이 가능해지는 순간, 삶 전체의 기준도 세워진다.

예를 들어보자. 내 집이 있다면, 먼 거리 이사에 대한 두려움 없이 직장을 선택할 수 있다. 아이의 학교를 장기적으로 바라볼 수 있다. 심지어 인간관계도 바뀐다. 이전에는 '임시'였던 모든 것이 '지속' 가능해지는 순간, 삶의 태도는 안정되고, 관계도 깊어진다.

"공간이 내 기준이 되면, 나는 더 이상 흔들리지 않는다."

집은 내 삶의 철학을 담는 첫 번째 설계도

✳

어떤 사람은 깔끔한 공간을 좋아하고, 어떤 사람은 따뜻한 느낌의 집을 좋아한다. 어떤 이는 채광을 중시하고, 어떤 이는 방음이나 단열을 중요하게 여긴다. 이 모든 기준은 단순히 인테리어 취향을 넘어서, 삶을 바라보는 철학의 표현이다.

나는 어떤 삶을 살고 싶은가? 나는 무엇을 중요하게 여기는 사람인가?

그 질문에 대한 답이 바로 '내가 머무는 공간'에 드러난다. 집은 단지 쉼의 장소가 아니다. 그것은 내가 어떤 사람인지 말없이 보여주는 물리적 자화상이다.

"당신이 사는 공간은, 당신의 생각보다 더 많은 이야기를 하고 있다."

집이 없으면 기준은 무너지고, 우선순위는 뒤바뀐다

✳

집이 없으면, 삶의 모든 우선순위가 뒤바뀐다. 아이의 교육보다 당장의 보증금이 중요하고, 건강보다 월세가 더 급한 문제가 된다. 장기 계획은 사치가 된다. 내 삶의 큰 그림을 그릴 여유조차 없다.

삶의 중심축이 흔들리면, 모든 선택이 임시방편이 된다. 이직도 미룬다. 인간관계도 얕아진다. 소비 습관도 왜곡된다. 당장 감당할 수 없는 월세를 피하기 위해, 싼 지역, 낙후된 환경, 부족한 인프라에 안착하게 되고, 그 생활이 반복되며 기준은 점점 더 낮아진다.

"집이 없다는 건, 기준이 없다는 뜻이고, 기준이 없으면 인생은 아무 방향으로도 가지 못한다."

'내가 머물 공간을 스스로 선택할 수 있다'는 감각

✳

내가 선택한 위치, 내가 고른 구조, 내가 설계한 공간. 이 모든 요소가 갖춰졌을 때, 우리는 비로소 삶의 주도권을 체감한다. 내 공간을 갖는다는 것은 단지 주소 하나를 등록하는 게 아니다. 그것은 내가 내 삶을 결정짓는 존재라는 자각이다.

그 감각은 강력하다. 어떤 고난이 와도 다시 시작할 용기를 주고, 어떤 실패 앞에서도 버틸 근거가 된다. 왜냐하면 나에게는 되돌아갈 내 공간이 있기 때문이다.

"삶의 주도권은, 결국 내가 발 딛고 있는 공간에서부터 시작된다."

기준은 결국 습관이 된다, 습관은 인생을 만든다
✶

한 번 정해진 기준은 삶의 습관을 만든다. 내 집이 있으면 청소도 달라지고, 정리도 달라진다. 식습관도 바뀌고, 여가의 형태도 변한다. 일상에서의 루틴이 바뀌고, 생각하는 방식이 달라진다.

그 작은 변화들이 결국 인생을 바꾼다. 사람은 거창한 결심보다 사소한 습관에 지배받는다. 그 습관의 출발점이 되는 기준, 그 기준이 바로 '내 공간'에서 시작된다는 점을 잊지 말자.

"작은 공간 하나가, 당신의 전 생애를 바꿀 수 있다."

기준이 있는 사람은 불안하지 않다
✶

집이 있는 사람은 불안하지 않다. 흔들리는 세상 속에서도 자신만의 고정점이 있기 때문이다. 기준이 있는 삶은 방향을 잃지 않는다. 고난이 닥쳐도 중심을 잃지 않고, 유혹이 와도 판단이 흐려지지 않는다.

모든 불안은 '기준 없음'에서 시작된다. 오늘 여기, 내일 저기. 임시의 삶은 언제나 불안을 동반한다. 그래서 우리는 안정이 아닌 '기준'을 먼저 세워야 한다. 집은 그 기준의 물리적 표현이자, 심리적 기반이다.

"당신 삶의 중심이 무너지지 않으려면, 당신만의 기준이 필요하다."

지금 당장 집을 못 사더라도, 기준부터 정하라

✷

지금 내 형편으로는 집을 사기 어렵다고 해도, 기준을 세우는 건 누구나 할 수 있다. 나는 어떤 위치에 살고 싶은가? 어떤 구조가 나에게 맞는가? 어떤 생활 반경이 나에게 이상적인가? 그 기준이 명확하면, 삶의 계획은 구체적이 된다.

기준이 없는 사람은 싸고 구할 수 있는 것부터 찾는다. 기준이 있는 사람은 잠시 멈추고, 그 기준에 맞는 기회를 기다린다. 결국 집을 사는 것보다 중요한 건, 어떤 집을 살 것인지에 대한 나만의 철학이다.

"삶은 선택의 연속이다. 그 선택의 방향은 당신 기준에서 출발한다."

집은 결국, 내가 세운 삶의 기준이다

✳

집은 돈으로만 계산할 수 없다. 그것은 내 기준의 총합이다. 어떤 위치에, 어떤 크기로, 어떤 스타일의 집을 갖고 있는가. 그것은 단순한 자산의 문제가 아니라, 내가 어떤 인생을 살아가고 있는지를 드러내는 거울이다.

삶을 설계하고 싶다면, 먼저 기준을 세워야 한다. 그 기준은 곧 공간을 만들고, 그 공간이 다시 내 삶을 만든다. 지금까지 내가 어떤 공간에서 살아왔는지를 돌아보고, 앞으로 어떤 기준으로 살 것인지 결정하라.

그리고 그 기준의 첫걸음이 바로 '내 집을 갖는 일'이다. 그것이 사소해 보여도, 인생을 바꾸는 가장 큰 선택일 수 있다.

"집은 결국, 내가 어떤 사람인지 보여주는 나만의 기준이다."

4장

순서를 바꾸는 사람만이 부를 만든다

가진 자만 집을 사는 게 아니라, 집을 먼저 사야 가진 자가 될 수 있다

01

순서를 바꾸는 사람만이 부를 만든다

✳

많은 사람들은 부를 이룬 후에 집을 사야 한다고 생각한다. 월급이 늘고, 여윳돈이 생기고, 투자 여건이 좋아질 때까지 기다린다. 그러나 역사는 말한다. 대부분의 부자들은 먼저 집을 사고, 그 집이 자산을 만들어줬다. 순서를 바꾼 사람만이 부를 만든다.

"집을 산 사람이 부자가 된 것이지, 부자가 된 사람이 집을 산 게 아니다."

자산 격차는 집 한 채에서 시작된다

✳

같은 연봉, 같은 직장, 같은 출발선에 있었던 두 사람이 있다. 한 사람은 전세로 10년을 살고, 한 사람은 대출을 끼고 작은 집을 샀다. 10년 뒤 결과는 놀랍도록 다르다. 전자는 늘 똑같은 자산을 갖고 있지만, 후자는 집값 상승으로 수억 원의 차이를 만들었다.

이것은 특별한 재테크가 아니다. 단지 타이밍과 결정의 차이다. 격차는 복리처럼 쌓이고, 집 한 채는 그것을 가능케 하는 가장 강력한 도구다.

"집을 가진 순간, 시간은 내 편이 된다."

월세는 남의 부를 위한 투자다

✳

매달 내는 월세는 어디로 가는가? 집주인의 대출이자를 갚고, 집주인의 자산을 불려준다. 즉, 당신은 매달 남의 자산을 늘려주는 데 기여하고 있는 것이다.

그 돈을 내 자산에 쓰지 않는다면, 나는 누군가의 자산형성 도우미가 될 뿐이다. 집을 갖는다는 건, 더 이상 남의 자산에 기여하지 않겠다는 선언이다.

"당신은 지금도 집값을 갚고 있다. 다만, 남의 집값일 뿐이다."

집이 자산을 만든다, 절대 반대가 아니다

✳

사람들은 자산이 많아야 집을 살 수 있다고 말한다. 하지만 현실은 그 반대다. 집을 먼저 산 사람들이 자산을 만든다. 갭투자든 실거주든, 시세 상승의 흐름을 타면 집 한 채가 몇 년 만에 수억의 자산 차이를 만든다.

이는 부동산 불패론을 말하려는 것이 아니다. 단지, 구조의 차이를 말하려는 것이다. 집은 레버리지를 사용할 수 있는 유일한 실물 자산이다. 자기 자본의 몇 배를 움직일 수 있는 도구이기에, 자산 형성의 핵심이 된다.

"집은 당신에게 주어진 가장 합법적이고, 가장 강력한 부의 지렛대다."

소득의 수준보다 중요한 건 판단의 타이밍

✳

연봉이 낮다고, 자산이 적다고 집을 못 사는 건 아니다. 오히려 소득이 많아도 타이밍을 놓치면 계속 집을 사기 어렵다. 특히 부동산 시장은 계단식으로 오르기에, 한 번의 상승기를 놓치면 진입 자체가 막혀버릴 수 있다.

그래서 중요한 건 소득이 아니라, 시기다. 지금의 판단 하나가 앞으로의 자산 곡선을 완전히 바꿔놓을 수 있다.

"부의 출발은 돈이 아니라, 판단이다."

가진 자들은 언제나 먼저 집을 사놓는다

✳

흥미로운 점은, 돈 있는 사람일수록 항상 부동산부터 사놓는다는 것이다. 세금을 피하기 위해 법인을 만들고, 상속을 대비해 미리 증여를 하고, 자녀 이름으로 아파트를 한 채씩 사둔다.

그들은 안다. 집이 자산의 근간이자, 경제적 주도권의 핵심이라는 걸. 그래서 미리 사놓고, 오래 보유하고, 시세의 흐름을 기다린다. 반면, 아무것도 갖지 못한 사람만 집을 미룬다.

"당신이 집을 미룰수록, 가진 자는 더 가진다."

부자는 소비가 아니라 구조로 결정된다

✳

많은 사람들이 가난한 이유는, 소비를 부자로 만들 수 있다고 착각하기 때문이다. 좋은 옷, 좋은 차, 멋진 라이프스타일. 하지만 부자는 소비가 아니라 자산 구조에서 만들어진다.

그 구조의 시작은 집이다. 집 한 채가 있으면, 신용이 생기고, 자산이 쌓이고, 다음 투자의 발판이 된다. 반대로 아무리 절약해도 집이 없으면 언제나 출발선에 머무르게 된다.

"집이 없으면 절약은 생존의 도구고, 집이 있으면 절약은 자산을 불리는 무기가 된다."

집은 단순한 거주가 아니라, 기회의 문이다
✳

내 집이 있는 사람은 더 용감해진다. 창업도, 이직도, 전직도 두렵지 않다. 왜냐하면 무너져도 돌아올 집이 있고, 아이 교육도 한자리에서 안정적으로 할 수 있기 때문이다.

집이 없는 사람은 그 모든 선택이 두렵다. 변화가 생길 때마다 이사를 고민하고, 계약 조건을 걱정하고, 전세보증금을 걱정해야 한다.

"집은 당신이 더 큰 삶을 시도하게 만드는 용기의 근거다."

가진 자가 되려면, 집부터 가져야 한다
✳

집은 당신을 가진 자로 만들어준다. 월세를 줄이고, 자산을 키우고, 자녀에게 물려줄 수 있는 유산이 되고, 심지어 은퇴 이후의 안전망이 된다.

그 모든 출발은 집 한 채에서 시작된다. 이 단순한 사실을 이해하는 사람만이 가진 자가 될 수 있다. 반대로 이 단계를 미루면, 가진 자가 되는 문은 점점 멀어진다.

"지금 집을 산다는 건, 미래의 내가 누릴 자산을 앞당겨 사는 일이다."

지금 당신이 해야 할 단 하나의 선택

✳

지금 당신이 가진 돈, 지금 당신이 가진 신용, 지금 당신이 가진 정보. 그 모든 것을 하나로 모아야 한다. 지금이 아니면, 더 늦어질 수도 있다. 그리고 늦음은 격차가 된다.

가진 자만 집을 사는 게 아니다. 집을 먼저 사는 자가, 가진 자가 된다. 지금 내릴 수 있는 가장 현명한 결정은, 이 단순한 진실을 받아들이는 것이다.

"당신이 가진 자가 되기 위해, 지금 해야 할 일은 단 하나. 집을 먼저 가져야 한다."

지금 내 선택이,
자녀의 출발선이 된다

출발선은 같지 않았다

누구나 같은 출발선에서 시작한다고 믿고 싶다. 그러나 현실은 다르다. 어떤 아이는 부모의 자가 소유 아파트에서 시작하고, 어떤 아이는 이사만 다섯 번 한 전세 인생에서 자란다. 학교 앞에서 안정적으로 공부할 수 있는 아이가 있고, 전학을 밥 먹듯이 하며 친구 사귀는 법조차 잊는 아이도 있다. 부동산은 단순히 부모 세대의 자산이 아니다. 그것은 곧 자녀의 출발선이다. 안정된 집, 고정된 생활 반경, 끊기지 않는 교육 환경. 이런 조건은 아이가 선택한 것이 아니라 부모의 선택에서 비롯된다. 우리는 이미 알고 있다. 집이 있는 아이와 없는 아이는 다르다는 것을.

"같은 나이, 같은 도시, 다른 삶의 시작. 그 차이는 부모의 집에서 결정된다."

거주지, 곧 학군, 곧 기회

✶

대한민국에서 '어디에 사는가'는 단순한 주소 문제가 아니다. 그것은 곧 교육의 질, 또래 집단의 분위기, 그리고 성장 가능성의 문제다. 강남, 목동, 분당, 수성구 같은 곳엔 우연히 모인 것이 아니다. 사람들은 자녀의 미래를 위해 의도적으로 그곳에 자리잡는다. 결과적으로 학군은 자산화된다. 같은 공부를 하더라도, 환경이 아이를 다르게 만든다. 학원가가 가까운 집, 친구가 열심히 공부하는 분위기, 학부모 네트워크, 이런 것들이 겹겹이 쌓여 교육 격차로 이어진다. 결국 입시는 거주지의 싸움이고, 미래의 기회는 오늘의 주거 선택에서 갈린다.

"좋은 학군은 기회의 다른 이름이다. 아이의 성실함조차, 결국 환경이 만들 수 있다."

집이 주는 정서적 안정감

✳

매일 이사 걱정을 하며 자란 아이와, 자신의 방이 늘 존재하는 아이는 다르다. 집은 단순히 잠을 자는 공간이 아니라, 아이에게 정서적 기둥이다. 불안정한 주거는 아이의 자존감과 자율성을 약하게 만든다. 늘 짐을 꾸리며 자라는 아이는 깊이 뿌리내리지 못한다. 반면, 자신만의 책상이 있고, 자신만의 벽에 포스터를 붙일 수 있는 아이는 그 공간에서 자라난다. 부모가 그 공간을 어떻게 확보해주었는지가 곧 아이의 일상이다. 우리는 집이 경제적 자산일 뿐 아니라, 아이의 감정적 안전지대라는 점을 잊지 말아야 한다.

"안정된 공간이 주는 힘은, 수십 권의 책보다 강력하다."

월세는 곧 불안, 전세는 곧 유예, 자가는 곧 기반

✳

부모가 월세를 살면 아이는 눈치를 본다. 전세도 마찬가지다. 2년마다 이사 걱정을 해야 하고, 전세금을 맞추느라 교육비를 줄여야 하는 상황도 생긴다. 자가가 모든 것을 해결해주진 않지만, 아이가 학교를 옮기지 않아도 된다는 보장은 해준다. 교육의 연속성, 친구 관계의 안정성, 자기 방에서의 시간. 이 모든 것이 자가라는 한 단어에 달려 있다. 결국 부모의 주거 안정성이 곧 아이의 성장 안정성이다.

부모의 불안은 고스란히 아이의 삶으로 옮겨간다.

"부동산은 부모의 선택이지만, 그 결과는 아이의 삶이다."

출발선이 다르면, 노력의 방향도 달라진다

✳

집이 있는 아이는 '공부만 잘하면 된다'고 배운다. 하지만 집이 없는 아이는 '이사 걱정, 전학 걱정, 부모 눈치'를 먼저 배운다. 공부에만 집중할 수 있는 환경과, 공부 외에 걱정거리가 많은 환경은 다를 수밖에 없다. 출발선이 다르면, 같은 노력이라도 결과가 달라진다. 이건 단순한 불평등이 아니라, 구조적인 문제다. 부모가 만든 주거 환경이 자녀의 성향, 자신감, 미래 계획까지 바꿔놓을 수 있다.

"아이의 노력보다 더 먼저 만들어야 할 것은, 아이가 노력할 수 있는 환경이다."

집은 자녀에게 가장 강력한 사교육이다

✳

요즘 사교육 시장은 치열하다. 국어, 수학, 과학, 영어, 코딩까지, 아이 한 명당 수백만 원이 들어간다. 하지만 이 모든 것보다 강력한 사교육이 있다. 바로 '집'이다. 좋은 학군, 좋은 친구, 안전한 거리, 방해받지 않는 공간. 이것이 아이를 성장시키는 결정적 요소다. 부모는 종종 아이를 위해 교육비를 아끼지 않지만, 정작 거주지를 선택하는 데는 소극적일 수 있다. 하지만 집은 단순한 부동산이 아니라, 가장 장기적이고 확실한 교육 투자다.

"아이에게 주는 가장 확실한 사교육, 바로 그 집이다."

집을 물려줄 수 없다면, 기회라도 물려주자

✳

부모가 자산을 많이 갖고 있지 않다고 해서, 자녀에게 줄 수 있는 게 없는 것은 아니다. 전셋집이더라도 좋은 학군에서, 안정된 환경에서 살게 해주는 것. 그거 하나만으로도 충분히 출발선은 다르게 그어질 수 있다. 청약을 공부하고, 대출을 알아보고, 무리하지 않는 선에서 가능한 선택을 하는 것. 중요한 것은 '해주려고 노력했다'는 사실이다. 그 자세가 아이에게 전달된다. 완벽하진 않더라도, 포기하지 않았다는 것. 아이는 그 모습을 보고 자란다.

"자산을 못 물려주더라도, 기회는 물려줄 수 있다. 부모의 진심은 아이가 알아본다."

선택의 책임은 결국 부모에게 있다

✳

우리가 어떤 집에 살기로 결정할 때, 그 선택은 단순히 현재의 편의를 위한 것이 아니다. 아이의 삶의 기반이 된다. 더 가까운 출근길보다, 더 나은 학교 근처를 고민해야 하는 이유다. 더 넓은 평수보다, 더 안정된 커뮤니티를 택해야 하는 이유다. 부모가 선택한 집의 조건이, 아이의 인생 조건이 되기 때문이다. 내 선택이 나만의 결과로 끝나는 것이 아니라, 아이의 시작이 된다는 걸 잊지 말자.

"지금의 선택이 내 미래를 바꾸는 동시에, 아이의 출발점을 만드는 일이다."

부모가 먼저 각성해야 아이의 길이 보인다

✳

모든 부모는 아이를 위한다고 말한다. 하지만 정말 그 길을 고민해봤는가. 집이 아이에게 어떤 영향을 미치는지, 얼마나 중요한 변수인지 진지하게 생각해봤는가. 단순히 입시 결과만 보는 것이 아니라, 그 과정의 맥락을 이해해야 한다. 부모가 먼저 깨닫고, 부모가 먼저 움직일 때 아이에게도 길이 보인다. 아이에게 기대기만 하지 말고, 아이를 위해 준비하자.

"아이의 인생을 바꾸고 싶다면, 부모가 먼저 움직여야 한다."

지금 당신이 내딛는 그 한 걸음이

✲

우리는 모두 알면서도 미룬다. 당장 이사할 여유도 없고, 대출도 부담스럽고, 주변 시세는 너무 높다. 하지만 멈춰 있는 동안, 아이는 자라고 있다. 집이라는 기반이 만들어주지 못한 안정감, 그 시기를 놓치면 되돌릴 수 없다. 지금 당신이 내딛는 그 한 걸음, 그게 아이의 인생에 단 하나의 방향을 만들어준다. 지금 이 순간에도 누군가는 결정하고 있고, 움직이고 있고, 시작하고 있다.

"지금 당신이 내딛는 그 한 걸음이, 자녀에게는 단 하나의 출발선이 된다. 멈추지 말고, 시작하자."

사는 집이 곧
인생의 기준선을 만든다

03

내가 살던 집이, 나의 기준이 된다

✳

사람은 자신이 자란 환경을 무의식적으로 기준점으로 삼는다. 넓은 거실, 방이 두 개 이상 있는 집, 엘리베이터가 있는 아파트, 편의점과 도서관이 가까운 동네. 그 안에서 살아온 아이는 자라서도 비슷한 삶을 꿈꾼다. 반대로, 지하 월세방에서 다섯 식구가 모여 산 기억, 난방이 제대로 안 되는 방에서 시험공부를 했던 기억은 그 아이의 기준선을 지나치게 낮춰버린다. 이 아이가 나중에 어떤 직장을 구하고, 어떤 배우자를 만나고, 어떤 집을 선택할지를 결정짓는 것은 단순히 소득이 아니라 그 '기준선'이다.

기준선은 단순히 환경을 말하는 것이 아니다. 그것은 무의식적으로 '내가 누릴 수 있는 삶의 상한선'을 정하는 내면의 지도와 같다. 어린 시절 내가 봐온 풍경, 내가 누렸던 공간의 품질, 부모가 어떤 기준으로 집을 선택했는가에 따라 그 지도가 그려진다. 이 지도는 청소년기와 성인이 되어서도 삶의 방향을 정하고, 꿈과 목표의 범위를 제한하거나 확장시킨다. 높은 기준선은 자아의 범위를 넓히고, 낮은 기준선은 삶을 좁은 공간 안에 가두어버린다.

"내가 자란 집이, 내가 살아갈 세상의 기준이 된다."

기준이 낮으면, 목표도 낮아진다

✷

기준선이 낮은 사람은 큰 꿈을 꾸기 어렵다. 왜냐하면 큰 목표가 비현실적으로 느껴지기 때문이다. 강남의 학원가에서 자란 아이는 서울대를 현실적인 목표로 삼는다. 반면, 전세난으로 매년 학교를 옮긴 아이는 대입보다는 이사 걱정을 먼저 한다. 기준이 낮으면 꿈 자체가 줄어든다. 이는 자기효능감의 문제로 이어지고, 결국 삶 전체의 방향성에 영향을 미친다.

기준이 높으면 작은 성공에도 만족하지 않고 다음을 바라보게 되지만, 기준이 낮으면 그저 생존 그 자체에 초점이 맞춰진다. 목표가 존재하지 않으면 계획도 없다. 목표가 작으면 삶의 설계도 단순하고

단명해진다. 장기적인 커리어, 인생 비전, 은퇴 후의 삶까지 바라보는 시야를 갖기 위해서는 먼저 높은 기준이 필요하다.

"사람은 익숙한 높이만큼만 날려고 한다. 기준이 높을수록, 날 수 있는 높이도 올라간다."

기준은 무의식에 침투한다

✳

부모는 아이에게 '노력하라'고 말하지만, 아이는 부모의 선택에서 기준을 배운다. 매달 월세에 허덕이는 모습을 보면, 아이는 돈은 항상 부족하다고 믿는다. 대출을 무조건 나쁘다고 말하면, 아이는 자산 레버리지라는 개념 자체를 두려워하게 된다. 집이 좁고 시끄러우면, 아이는 조용히 몰입하는 습관을 기르지 못한다. 이 모든 것들이 무의식 속에 기준으로 새겨진다. 그리고 평생의 선택에 영향을 준다.

부모가 아무리 말로 좋은 얘기를 해도, 실제로 어떤 결정을 내리고 어떻게 사는지를 아이는 더 정확히 기억한다. 학군 좋은 곳으로 이사 간 이유, 전세냐 월세냐에 따른 생활 차이, 이사 갈 때마다 짐을 싸며 우는 어머니의 모습 등. 그리고 그 기억은 아이의 행동과 선택에 영향을 준다. 기준은 가르치는 것이 아니라, 삶으로 전염되는 것이다.

"기준은 가르치는 것이 아니라, 살면서 보여주는 것이다."

삶의 기준은 소비 기준이 된다

✳

내가 자란 집이 넓고 쾌적했다면, 그 이후의 삶에서도 비슷한 수준의 공간을 추구하게 된다. 반대로 늘 부족한 환경에서 살았다면, 나중에도 스스로에게 '그 정도면 됐어'라고 말하며 낮은 수준에 머무를 가능성이 크다. 소비 기준, 인간관계 기준, 심지어 배우자 선택의 기준까지도 내가 자란 환경에 영향을 받는다.

예를 들어, 늘 부모의 눈치를 보며 지냈던 아이는 사회생활에서도 타인의 평가에 민감하게 반응하게 되고, 자기만의 라이프스타일을 구축하지 못한다. 이는 단순히 소비의 문제가 아니라 삶을 대하는 태도 전체에 영향을 미친다. 내가 누렸던, 혹은 누리지 못했던 환경은 나의 소비 성향, 나의 자존감, 그리고 내 미래에 대한 투자 방식까지 결정한다.

"집은 그저 사는 공간이 아니라, 삶의 모든 기준을 정하는 출발점이다."

기준이 높아야 실패에도 복구가 빠르다

✳

실패했을 때 다시 일어나는 복원력 역시 기준선에서 비롯된다. 좋은 주거 환경에서 자란 아이는 한 번의 실패를 좌절로 여기지 않는다. 왜냐하면 자기 삶의 전체적 기반이 튼튼하기 때문이다. 반면, 불안정한 환경에서 자란 아이는 작은 실수 하나에도 크게 흔들린다. 이 회복탄력성은 사회적 기반, 즉 집이라는 물리적·정서적 공간에서 비롯된다.

높은 기준선을 가진 사람은 실패를 '일시적인 결과'로 받아들이지만, 기준이 낮은 사람은 그것을 '자신의 운명'으로 체념하게 된다. 집은 실패를 복구할 수 있는 안전한 공간이어야 한다. 실패 후 돌아갈 곳이 있고, 다시 시작할 수 있다는 감각을 심어주는 공간이 있다면, 사람은 더 용감하게 도전할 수 있다.

"높은 기준을 가진 사람은, 실패했을 때도 다시 높은 곳으로 올라간다."

기준 없는 삶은 흔들린다

✳

기준선이 없거나 매우 낮은 사람은 외부 환경에 쉽게 휘둘린다. 주변의 시선, 타인의 말, 비교와 열등감 속에서 자신의 길을 잃는다. 이런 사람은 삶을 주도적으로 설계하지 못한다. 그 결과 끊임없이 방황하게 된다. 반면, 기준이 확실한 사람은 유혹과 비교 속에서도 중심을 잃지 않는다. 그는 자신이 원하는 삶을 명확히 알고 있기 때문이다.

자기 기준이 없는 삶은 늘 타인의 기준에 맞춰 살아간다. 어떤 옷을 입을지, 어떤 차를 탈지, 어디에 살아야 할지조차 SNS나 타인의 시선에 의해 정해진다. 스스로 중심이 없기에 끊임없이 외부에 흔들리고, 결국 자신에게 만족하지 못한다. 진짜 자유는 기준이 있을 때 가능하다.

"기준 없는 삶은 바람 부는 대로 흔들리고, 기준 있는 삶은 바람 속에서도 뿌리를 내린다."

집은 기준을 유지시켜주는 울타리다

✲

사람은 아무리 단단해 보여도, 외부 환경에 의해 끊임없이 흔들린다. 하지만 집이라는 물리적 울타리가 기준을 잡아준다. 그 공간이 안정적일수록 내면의 기준도 흔들리지 않는다. 불확실한 사회 속에서도 흔들리지 않는 삶을 살기 위해선 물리적 공간이 뒷받침돼야 한다. 집은 기준을 세우는 곳이기도 하지만, 그것을 유지하는 실질적인 방어선이기도 하다.

집은 자존감의 경계선을 만든다

✶

사람은 자신이 사는 집을 통해 스스로의 가치를 측정한다. 좋은 집에 살면, 내가 그만한 사람이라는 자기확신이 생긴다. 반대로 열악한 환경에 오래 노출되면 스스로에 대한 기대치가 점점 낮아진다. 자존감은 단순히 마음의 문제가 아니다. 생활의 모든 공간과 경험이 축적된 결과다.

기준을 바꾸려면 먼저 공간을 바꿔야 한다

✶

삶을 바꾸고 싶다면, 먼저 내가 있는 공간을 바꿔야 한다. 같은 사고방식으로는 새로운 삶을 만들 수 없다. 그리고 생각을 바꾸려면 환경이 도와줘야 한다. 작은 공간에서 벗어나 더 넓고 쾌적한 곳으로 옮겨보라. 그 공간이 새로운 기준이 되어 당신을 변화시킬 것이다.

지금 만드는 집이, 자녀의 기준선이다

✶

당신이 지금 선택하는 집, 그 집에서 자녀는 기준선을 배운다. 편안하고 따뜻한 공간, 불안하지 않은 주거환경, 존중받는 일상. 이 모든 것이 자녀의 무의식을 결정한다. 그 기준은 평생 따라다닌다. 그렇기에 지금 당신의 집이, 자녀의 미래를 바꾸는 결정이 될 수 있다.

"기준선은 우연히 만들어지지 않는다. 지금 당신의 선택이, 당신 아이의 기준선을 만든다."

집값은 오르는데,
왜 내 삶은 제자리인가

04

집값은 올랐지만, 내 삶은 왜 제자린가

✳

지난 몇 년간 부동산 시장은 거침없이 올랐다. 뉴스에서는 "서울 아파트 평균 가격 12억 돌파", "지방 핵심지 상승률 역대 최고치"라는 헤드라인이 매주 반복됐다. 그런데 그 상승의 한가운데 있으면서도 나는 왜 아무것도 얻지 못했을까? 주변 친구 중 한 명은 3년 전 갭투자로 산 집이 2억이 올랐다고 자랑한다. 또 다른 친구는 부모 도움으로 청약에 당첨됐다고 한다. 그런데 나는? 나는 여전히 전세 계약서를 앞에 두고 보증금 마련에 전전긍긍하고 있다.

이건 단순히 '부동산 실패담'이 아니다. 이건 내 삶이 왜 이렇게 제자리인지에 대한 근본적인 질문이다. 일도 열심히 했고, 절약도 했는데, 왜 자산은 늘지 않았고, 왜 삶의 체감 안정감은 더 떨어졌을까? 이제는 단순히 타이밍이나 전략의 문제가 아니다. 사회 구조 자체가 소수의 자산가에게 유리하게 설계되어 있다는 느낌마저 든다. 과연, 내 삶의 조건은 어디서부터 잘못된 걸까?

청년 시절부터 나는 성실함이 답이라 믿었다. 좋은 직장에 들어가고, 꾸준히 저축하고, 충실히 세금을 내고. 하지만 그 방식으로는 내 자산이 늘지 않았다. 성실은 더 이상 보상받지 않았다. 오히려 눈치 빠른 자들, 정보 빠른 자들, 리스크를 감수한 자들만이 자산을 늘렸다. 이 불균형을 어떻게 설명할 수 있을까?

"집값은 오르는데, 내 삶은 오르지 않는다. 그건 시장의 문제가 아니라 구조의 문제다."

내 월급은 그대로인데, 아파트는 두 배가 됐다

✳

최근 통계에 따르면 수도권 아파트 중위 가격은 최근 5년 사이에 2배 가까이 상승했다. 하지만 같은 기간 평균 실질소득은 10%도 채 오르지 않았다. 쉽게 말해 아파트는 두 배가 됐지만, 내 월급은 그대로라는 뜻이다. 여기에 금리 상승, 세금 증가, 생활비 상승까지 더해지니 실제 체감 생활은 오히려 더 팍팍해졌다.

서울 마포구의 84㎡ 아파트는 2019년 초만 해도 8억 원대였지만, 2025년 현재 20억 원을 넘어섰다. 하지만 같은 기간 7급 공무원의 연봉은 3,000만 원 후반에서 4,000만 원 초반으로 오르는데 그쳤다. 이 격차를 메우려면 어떻게 해야 할까? 주식? 코인? 로또?

더 큰 문제는 이런 격차가 일시적인 현상이 아니라는 것이다. 자산을 가진 사람은 상승장에서 더 많은 자산을 확보했고, 그렇지 못한 사람은 월세와 물가 인상 속에서 점점 더 여유를 잃고 있다. 자산 격차는 곧 삶의 격차로 이어지고 있다. 부의 이전은 더는 노력의 대가가 아니다. 구조의 일부다.

"세상은 오르고 있는데, 나만 멈춰 있는 느낌. 이건 착각이 아니다. 현실이다."

자산 상승은 기회가 아니라 불평등이 되었다

✳

한때는 부동산 상승이 '모두에게 기회'라고 생각했다. 그러나 지금은 정반대로 느껴진다. 상승장 속에서 자산가들은 레버리지를 활용해 자산을 불렸고, 무주택자들은 집을 사기엔 너무 늦어버렸다고 느낀다. 결국 같은 시장에서 누구는 수억을 벌고, 누구는 기회를 놓쳤다. '기회는 평등하다'는 말이 이렇게 허무하게 들린 적은 없다.

이는 단순한 투자 기회의 차이가 아니다. '정보력'과 '심리의 간극',

그리고 '부모 찬스'의 유무에서 비롯된 격차다. 누군가는 청약 가점을 부모 명의로 준비하고, 누군가는 갭투자 노하우를 지인에게서 받는다. 반면 나는 그저 물가와 전세금 걱정에 허덕였다. 더 이상 부동산은 열심히만 산다고 다가갈 수 있는 시장이 아니다. 이제는 구조 자체가 다른 게임이 되어버렸다.

우리는 모두 같은 게임판에 있다고 착각한다. 하지만 누군가는 규칙을 알고, 누군가는 맨몸으로 부딪힌다. 이것이 자산 불평등의 본질이다. 시스템은 형식적으로는 공정해 보이지만, 실질적으로는 전혀 그렇지 않다.

"자산 상승의 시대는 끝나지 않았다. 다만, 누구는 타고 누구는 쫓아갈 뿐이다."

월세로는 절대 따라잡을 수 없다

✳

자산을 만든다는 것은 단순히 저축을 잘한다는 의미가 아니다. '현금흐름'을 '자산'으로 전환하는 능력이다. 하지만 월세로 사는 한, 내가 낸 돈은 자산이 되지 않는다. 월세는 소득에서 빠져나가는 일방적인 지출이다. 반면, 집을 가진 사람은 전세를 놓고 월세를 받고, 자산 가치를 누적시킨다.

같은 100만 원을 쓰더라도 누군가는 자산을 늘리고, 누군가는 매달 비워지는 잔고를 본다. 이 차이는 시간이 지날수록 더 커진다. 월세의 삶은 늘 뒤처지게 돼 있다. 시스템 자체가 그렇기 때문이다.

금리는 오르고, 임대료는 계속 인상된다. 집주인 입장에서는 물가 상승을 월세로 전가할 수 있지만, 세입자는 이를 감당해야 한다. 물가 상승률이 4%, 임대료 상승률이 6%일 때, 월세 사는 사람의 체감 부담은 상상을 초월한다.

"노력으로 극복할 수 없는 구조가 있다. 월세는 그 구조 중 하나다."

격차는 시간이 지나며 '차이'가 아니라 '단절'이 된다

✳

처음에는 겨우 몇 천만 원의 차이였다. 집을 살까 말까 고민했던 그 시절, 조금만 무리했으면 살 수 있었다. 하지만 망설였다. 불확실성이 무서웠고, 돈이 아쉬웠다. 그렇게 놓친 기회는 이제 몇 억 원의 차이가 됐다. 이젠 다시는 따라잡을 수 없을 것 같은 '단절'로 바뀌었다.

격차는 시간이 지나며 곱셈으로 커진다. 한 사람은 2배가 되고, 다른 한 사람은 그대로인 상태가 된다. 이 차이는 결국 '삶의 안전망'에까지 영향을 준다. 아플 때 병원에 갈 수 있는 여유, 아이 학원비를 고민하지 않아도 되는 평온, 은퇴 후의 생활까지.

"격차는 처음엔 작지만, 시간이 지나면 인생 전체의 양극화를 만든다."

'정보의 격차'가 만든 자산의 벽

✳

많은 사람들은 부동산 시장에서 실패한 원인을 '타이밍'이나 '자금 부족'에서 찾는다. 하지만 요즘 들어 더 명확히 드러나는 것은 '정보의 격차'다. 같은 시기, 같은 도시에서 살아도 누군가는 시장의 흐름을 정확히 읽고, 누군가는 한참 지나서야 뉴스로 뒤늦게 안다. 이 정보 격차는 단순히 뉴스를 잘 챙기느냐의 문제가 아니다. 네트워크, 커뮤니티, 직업적 환경에서 오는 차이이며, '내가 아는 사람 중 누가 먼저 움직이느냐'에 따라 달라지기도 한다.

예컨대 2020년 초, 누군가는 금리 인하와 코로나 이후 유동성 증가를 읽고 바로 부동산에 뛰어들었다. 반면 누군가는 부동산 거품을 우려하며 관망하다 기회를 놓쳤다. 그 결과는 몇 년 만에 수억 원의 자산 차이로 이어졌다. 문제는 이 격차가 다시 다음 기회를 보는 능력에서도 차이를 만든다는 것이다. 경험이 자산이 되고, 자산은 더 나은 정보에 접근하게 만들며, 다시 투자로 이어지는 선순환. 그 사이 무지와 두려움은 또 다른 사람들을 소외시킨다.

"정보가 곧 자산이다. 모르고 지나친 사람에겐, 그 기회는 영원히 없다."

임대인과 임차인의 세계는 다르다

✳

같은 도시, 같은 거리, 같은 평수의 아파트에 살아도, 소유 여부에 따라 삶의 결은 전혀 다르다. 임대인은 시간과 함께 자산이 늘어나고, 임차인은 그 시간 동안 매달 돈을 지출하며 불안과 함께 살아간다. 전세든 월세든, 내 이름이 적히지 않은 등기부등본은 항상 심리적 위축을 낳는다.

특히 갭투자자와 무주택자는 같은 동네에 살아도 세상의 정보가 다르게 전달된다. 갭투자자는 가격이 오르기를 기대하고, 정책을 민감하게 분석하며, 매일 부동산 카페를 들여다본다. 반면 임차인은 그저 계약 연장을 걱정하고, 전세금 인상에 대응할 대출을 알아볼 뿐이다. 같은 동네에서, 전혀 다른 세계가 펼쳐진다.

"사는 곳은 같지만, 사는 방식은 전혀 다르다. 그 차이가 삶의 방향을 바꾼다."

'타인의 자산'을 위해 일하는 삶

✳

나는 매달 월세를 낸다. 혹은 전세 대출 이자를 낸다. 그 돈은 어디로 갈까? 결국 누군가의 통장으로 들어간다. 그 누군가는 내가 자산을 불리는 동안, 나는 자산을 쓰고 있다. 더 큰 문제는 그것이 단순한 지출이 아니라는 사실이다. 그 구조 안에서 나는 타인의 자산을 만들어주는 존재가 되어 있다.

예를 들어 100만 원의 월세를 10년간 냈다고 해보자. 총 1억 2천만 원이다. 그 돈은 고스란히 집주인의 자산에 누적된다. 하지만 나는 아무것도 남기지 못한다. 이 구조 안에서 무주택자는 항상 누군가의 수익 모델이 된다. 이는 단순한 금전 흐름을 넘어, '시간의 가치'까지도 빼앗아가는 구조다.

"내가 낸 월세는, 결국 누군가의 은퇴 자금이 된다. 내 은퇴는 누가 책임지나?"

내 자산은 왜 멈췄는가

✳

많은 이들이 '내 자산이 왜 늘지 않는가'를 묻는다. 하지만 답은 명확하다. 지출은 꾸준한데, 자산화된 수입이 없기 때문이다. 자산은 단순히 모으는 것이 아니라, 불리는 것이다. 그런데 우리는 자산을 모으는 데 익숙할지언정, 불리는 법은 배우지 못했다.

예적금, 저축, 보험. 모두 중요하지만, 그것만으로는 한계가 있다. 반면 부동산을 가진 사람들은 레버리지를 통해 10배 이상의 효과를

누린다. 자산이 자산을 낳는 구조. 그걸 경험해 본 적이 없으니, 우리는 늘 같은 자리에서 머문다.

"자산이 늘지 않는 이유는, 자산이 자산을 만들지 못하기 때문이다."

지금이라도 늦지 않았다. 그러나 전략이 필요하다

✳

많은 사람들이 묻는다. "지금 사도 될까요? 너무 늦은 거 아닌가요?" 나는 말한다. "지금도 늦지 않았습니다. 다만, 전략 없이 접근하면 실패합니다."

이제는 단순히 '사는 것'이 목적이 되어선 안 된다. 내가 살 집인지, 투자 집인지. 수익형인지, 거주형인지. 재건축 가능성은 있는지, 인프라는 확장 가능한지. 이 모든 요소를 따져야 한다. 그게 바로 전략이다.

그리고 무엇보다 중요한 것은, 나만의 계획을 세우는 것이다. 주변과 비교하지 말고, 뉴스에 휘둘리지 말고, 내 수입, 내 가족 상황, 내 목표에 맞는 부동산 전략을 짜야 한다. 그리고 그것을 실행에 옮겨야 한다.

"지금은 늦지 않았다. 하지만 준비 없는 자에게는, 다음 기회도 없다."

내 집 마련, 이젠 가족 전체의 프로젝트다

05

더 이상 혼자만의 문제가 아니다

✳

예전에는 '내 집 마련'이 개인의 목표였다. 혼자 청약을 넣고, 실거래가를 뒤지고, 대출 한도를 알아보며 고군분투했다. 하지만 요즘은 상황이 달라졌다. 집값은 이미 너무 올랐고, 규제는 복잡해졌으며, 혼자 감당하기엔 현실의 무게가 너무 크다. 이젠 내 집 마련은 더 이상 한 개인의 과제가 아니다. 가족 전체가 함께 설계하고 함께 움직여야 가능한 프로젝트가 되었다.

 2030세대가 결혼을 앞두고 신혼집을 마련하려고 하면, 부모는 당연하다는 듯 전세자금 일부를 지원한다. 그러나 이 과정에서 부모의 노후자금은 줄어들고, 자녀는 여전히 불안정한 출발선에 선다. 도움을 줄 수 있는 부모가 있는가 하면, 자신조차 여유가 없어 손을 내밀 수 없는 부모도 있다. 자녀는 실망하고, 부모는 미안하다. 결국 혼자서는 해결할 수 없는 문제를 가족 모두가 함께 고민해야만 한다. 집은 그저 개인의 공간이 아니라, 가족 전체의 삶을 지탱하는 구조물이기 때문이다.

"내 집 마련은 이제 가족 구성원의 운명을 결정짓는 공동의 과제가 되었다."

가족의 '부동산 시나리오'를 짜야 할 때

✳

이제는 단순히 '어디 살까?'가 아니라, '누가, 언제, 어떤 방식으로 집을 살 것인가?'를 고민해야 할 시기다. 예컨대 부모 명의로 집을 구입하면 증여세 문제가 발생할 수 있고, 자녀 명의로 구입하면 대출 규제에 막힐 수 있다. 소득 수준, 자금 조달 경로, 대출 가능 여부, 세금 리스크까지 고려한 정교한 전략이 필요하다. 기업의 자산 운용 전략처럼, 이제는 가족 단위로 부동산 시나리오를 짜야 한다.

부모는 언제까지 실거주를 유지할 것인지, 어떤 자산을 자녀에게 넘기고 싶은지 명확히 해야 한다. 자녀는 자립 시점, 거주 희망지, 가능한 자금 범위 등을 솔직하게 공유해야 한다. 이때 중요한 것은 상호간의 이해와 현실 인식이다. 감정이 아닌 숫자와 계획이 중심이 되어야 한다. '부동산 가족 회의'가 필요한 시대다.

"이제 부동산도 가족 회의가 필요한 시대다. 가족 모두가 하나의 투자 팀처럼 움직여야 한다."

3세대가 함께 짜는 부의 설계도

✳

70세개 조부모 세대는 노후의 안정과 자산 정리를 고민한다. 50대 부모 세대는 은퇴 전 마지막 투자 기회를 고민하고, 20~30대 자녀 세대는 첫 내 집 마련을 준비 중이다. 세 세대가 따로 움직이면 충돌만 생긴다. 그러나 함께 전략을 짠다면, 놀라운 시너지를 낼 수 있다.

예를 들어, 조부모 세대가 오래된 단독주택을 매도해 여유 자금을 만들고, 부모 세대는 갭투자나 재건축 대상 아파트를 노리고, 자녀 세대는 신혼부부 특별공급을 통한 청약을 준비한다면, 각자의 조건에 맞게 자산을 효율적으로 증식할 수 있다. 세대 간 협업은 단순한 지원이 아니다. 공동의 포트폴리오 구축이다.

이런 접근은 재산을 물려주는 방식이 아니라, 함께 자산을 '만들어가는 방식'이다. 각 세대가 보유한 자원—시간, 자금, 정보—를 나누고 조율함으로써, 부의 흐름을 최적화할 수 있다.

"가족은 이제 하나의 자산 운용 컨소시엄이다. 협업이 없으면 기회도 없다."

가족끼리 돈 얘기, 이젠 당연하게 해야 한다

✳

아직도 많은 가족이 '돈 이야기'를 꺼린다. 부모는 자녀에게 '돈 걱정 말고 공부나 해라'라고 하고, 자녀는 부모에게 '나중에 말씀드릴게요'라고 한다. 그러나 지금은 서로의 경제 상황과 자산 계획을 명확히 공유하지 않으면, 아무것도 시작할 수 없다. 가족끼리 돈 이야기를 자연스럽게 꺼낼 수 있어야 비로소 전략이 세워진다.

예를 들어, 부모는 "내가 은퇴하면 이 정도 자산만 남는다. 이 범위 내에서 너희를 도울 수 있다"고 말할 수 있어야 하고, 자녀는 "현재 소득은 얼마이고, 대출 여력은 이 정도다. 그래서 이 정도 지원이 필요하다"고 말할 수 있어야 한다. 서로가 감추지 않고 공유할 때, 현실적인 계획이 세워진다.

돈 이야기를 피하면 오해와 갈등만 쌓인다. 그러나 돈 이야기를 터놓고 하면 전략과 실행이 가능하다. 대화는 신뢰를 만들고, 신뢰는 실행을 이끈다.

"돈 이야기는 민감한 게 아니다. 필요한 것이다."

부동산을 통한 세대 간 자산 전환

✷

현금은 사라지지만, 부동산은 남는다. 특히 세대 간 자산 이전에서 부동산은 가장 강력한 수단이다. 하지만 단순히 '물려주는 것'만으로는 충분하지 않다. 어떤 물건인지, 언제 줄 것인지, 어떤 방식으로 줄 것인지에 따라 결과는 달라진다.

예컨대 재건축 예정 아파트를 자녀에게 증여하면, 수년 내 시세차익과 함께 자산 승계가 자연스럽게 이루어진다. 반면 실거주 요건을 충족하지 못하거나, 세금 계산을 잘못하면 되레 자산이 줄어들 수 있다. 타이밍, 위치, 세금, 구조—이 모든 것을 고려한 자산 이전만이 성공적인 세대 간 전환이 된다.

또한 자산 이전은 단지 물리적 이동이 아니라, 투자 철학과 판단 기준까지 함께 넘겨주는 과정이다. 그래서 자녀에게 집을 물려주기 전에, '왜 이 집을 샀는지', '앞으로 어떻게 운영할 것인지'를 함께 나누는 것이 중요하다.

"부동산은 자산이자 메시지다. 잘 넘겨야 한다."

실수하는 가족의 공통점

✷

많은 가족들이 내 집 마련에서 반복하는 실수가 있다. 첫째, 과신이다. 부모는 '내가 다 해줄 수 있다'고 생각하고, 자녀는 '부모가 도와 주겠지' 하고 기대한다. 둘째, 소통 부족이다. 아무런 상의 없이 각자 움직이다가 전략이 엇갈린다. 셋째, 타이밍 미스다. 계속 고민만 하다 기회를 놓친다.

이러한 실수는 결국 모두에게 손해다. 부모는 노후가 불안해지고, 자녀는 기회를 놓친다. 핵심은 기대가 아니라 계획이다. 누가, 언제, 어떤 조건으로, 얼마를, 어떤 방식으로 할지를 명확히 정리해야 한다. 그리고 그 계획을 문서로 남기고, 실행까지 옮겨야 한다.

"가족 간 믿음은 좋지만, 전략이 없다면 기회는 없다."

집이 없으면 가족의 안정도 흔들린다

✳

주거 불안정은 가족 전체의 심리적 불안정으로 이어진다. 이사 때마다 아이는 학교와 친구를 바꿔야 하고, 부모는 전세금 인상에 스트레스를 받는다. 심지어 부부 간 갈등의 상당수도 주거 문제에서 비롯된다.

내 집이 있으면 주거 계획이 가능하다. 아이 교육, 부부의 직장, 노후 계획까지 모두 설계할 수 있다. 반면 집이 없으면 모든 것이 유동적이고 불안하다. 미래를 꿈꾸기보다는 당장의 계약 만료일을 걱정하게 된다.

주거의 안정은 단지 공간의 문제가 아니다. 그것은 관계의 문제이고, 감정의 문제이며, 삶의 뿌리의 문제다.

"내 집은 가족의 뿌리다. 뿌리가 없으면 흔들릴 수밖에 없다."

가족이 함께 부동산 공부를 해야 하는 이유

✳

부동산은 더 이상 특정인의 전유물이 아니다. 한 가족이 부동산 공부를 함께 해야 제대로 된 전략이 나온다. 부모는 세금과 증여를 공부하고, 자녀는 대출과 청약 제도를 익혀야 한다. 정보는 함께 나눌수록 힘이 된다.

예를 들어, 부모가 양도세 절세 전략을 알게 되면 자녀의 매수 타이밍에 영향을 줄 수 있고, 자녀가 청약 가점을 분석하면 부모의 자산 배분에도 영향을 미친다. 각각의 정보가 연결될 때, 그 시너지는 배가된다.

"혼자 아는 건 정보, 같이 아는 건 전략이다."

가족끼리도 계약이 필요하다

✳

현실적으로 돈이 오가는 순간, 가족 간에도 갈등이 생길 수 있다. '빌려준 돈이다', '그건 준 거다'라는 말이 오가며 감정이 상하는 일이

허다하다. 그래서 가족 간에도 명확한 계약이 필요하다.

공증까지는 아니더라도, 차용증, 증여각서, 상호계약서 등의 기본적인 문서는 남겨야 한다. 자녀에게 자금을 지원할 때는, 명확한 기준과 조건을 정해야 한다. 그렇지 않으면 나중에 오해가 생기고, 가족관계까지 흔들릴 수 있다.

"사랑은 믿음이지만, 돈은 기록이다. 계약은 신뢰의 시작이다."

내 집 마련, 가족 프로젝트의 최종 목표는 '모두가 웃는 것'

✳

이 모든 과정의 궁극적인 목표는 가족 모두가 행복해지는 것이다. 부모는 자녀를 도울 수 있어서 뿌듯하고, 자녀는 도움을 바탕으로 독립하고, 가족 전체가 한 지붕 아래 혹은 가까운 곳에 거주하며 안정을 찾는 것. 그것이 진짜 내 집 마련의 성공이다.

누구 하나 희생하거나, 누구 하나만 얻는 구조가 아니라, 모두가 조금씩 나누고 모두가 조금씩 얻는 협력 구조. 그것이 진짜 가족이고, 진짜 전략이다. 집 한 채가 단지 건물이 아니라, 가족의 웃음을 만드는 플랫폼이 된다.

"집은 돈의 문제가 아니라, 가족의 미래다. 가족이 함께 웃을 수 있어야 진짜 성공이다."

집은 돈이 아니라
선택의 자유다

06

'없다'는 순간, 선택권이 사라진다

✶

집이 없다는 것은 단순히 자산이 없다는 뜻이 아니다. 그것은 곧 '선택할 수 없음'을 의미한다. 우리는 살아가며 수많은 결정을 한다. 어디에 살지, 어떤 삶을 꾸릴지, 어떤 학교를 자녀에게 보내야 할지, 퇴근 후 어떤 풍경을 보며 걸을지. 이 모든 결정은 집이 있을 때 가능한 일이다.

하지만 집이 없다면? 우리는 언제나 누군가의 결정에 종속된다. 집주인의 말 한마디에 따라 이사 여부가 결정되고, 전세금이 오르겠다는 문자가 오면 통장 잔고부터 확인해야 한다. 나의 의지와 무관하게 누군가가 내 삶을 결정지을 수 있는 구조. 그것이 바로 집이 없는 상태다.

더욱 심각한 문제는, 이러한 외부 결정에 반복적으로 노출되면, 점점 스스로 결정하는 능력을 잃게 된다는 점이다. 내 삶은 내가 만들어 간다는 감각은 사라지고, 수동적으로 반응하는 존재가 된다. 불안은 커지고, 무력감은 일상이 된다.

"내가 선택할 수 없는 삶은, 내 삶이 아니다." 이 한마디가 오늘날 집 없는 삶을 가장 잘 설명해준다.

병원, 요양원, 임종의 자리까지 — 내 의지가 아닌 삶

✳

나이가 들수록 인간은 많은 것을 잃는다. 청춘도, 체력도, 사회적 역할도. 그러나 단 한 가지, '주거'만큼은 남아 있어야 한다. 왜냐하면 그것은 내가 여전히 주체적 존재라는 것을 증명하는 최소한의 조건이기 때문이다.

집이 있는 노년은 다르다. 병원을 고를 수 있고, 요양원이 아닌 집에서 여생을 보낼 수 있으며, 자녀에게 부담을 주지 않고 스스로 삶을 꾸려갈 수 있다. 반면 집이 없는 노년은 '배려'에 의존해야 한다. 자식이 불러주는 대로 살아야 하고, 국가의 제도에 따라 이동해야 하며, 심지어 마지막 장소조차 내가 선택할 수 없다.

우리는 대부분 존엄하게 살고 싶다고 말한다. 하지만 존엄은 그냥 주어지지 않는다. 존엄은 스스로 삶을 선택할 수 있을 때 비로소 가능하다. 그리고 그 선택은 대부분 '집'이라는 공간 안에서 일어난다.

"집이 없으면, 존엄도 없다." 이 문장은 현실이며, 노년을 준비하는 우리 모두가 직면해야 할 진실이다.

자녀에게 기대는 삶은 누구도 원하지 않는다

✳

"아버지, 이번 달엔 좀 힘들어요."

"엄마, 애 둘 키우기도 빠듯해."

이 말들을 듣고 싶지 않아서, 우리는 평생을 바쳐 일했다. 자녀에게 짐이 되지 않기 위해, 누구보다 조용히 살아왔고, 누구보다 성실하게 살아왔다. 그러나 정작 집 한 채 없으면, 마지막엔 결국 자녀에게 기댈 수밖에 없다.

집이 없다는 것은 단지 노후 준비가 부족하다는 의미가 아니다. 그것은 자녀에게 기대는 삶으로 밀려난다는 뜻이다. 경제적 지원뿐 아니라, 주거 공간조차도 자녀에게 의존해야 한다. 그러면 자연스럽게 자존감은 무너지고, 가정 내의 위계는 흔들리며, 관계는 부담과 책임으로 가득 차게 된다.

"내가 내 인생을 책임질 수 없다는 감정. 그것이 가장 견디기 어려운 순간이었다." 이 고백은 단지 감정적인 토로가 아니라, 현실적인 절규다. 우리는 더 이상 이런 말이 나오지 않도록 준비해야 한다. 집이 있어야 한다. 그래야 노년이 비굴하지 않다.

노년의 자유, 집이 있어야 가능하다

✳

노년의 자유는 젊음의 자유와는 다르다. 젊음은 선택지를 늘리는 자유라면, 노년은 최소한의 선택지를 지킬 수 있는 자유다. 그중에서도 가장 중요한 것이 '주거의 자유'다.

나는 어디서 살고 싶은가? 바다가 보이는 도시인가, 오래 살던 동네인가, 아니면 자식 집 근처인가? 그 어디든 선택할 수 있어야 진짜 자유다. 그리고 그것은 '내 집'이 있을 때 가능하다. 집이 없으면 이 모든 자유는 사라진다. 어떤 도시는 내게 허락되지 않고, 어떤 공간도 내가 머무를 수 있는 곳이 되지 않는다.

"자유란, 내가 머무를 곳이 있다는 확신에서 시작된다." 이 말처럼, 진정한 노년의 자유는 머무를 수 있는 공간에서 출발한다. 우리는 그것을 위해 지금부터 준비해야 한다.

마지막 순간까지, 나는 나로 살고 싶었다

✳

요양원은 규칙적이다. 아침 7시에 기상, 8시에 아침 식사, 10시에는 운동, 12시에 점심, 오후엔 낮잠과 약 복용. 효율적으로 운영되기 위해 정해진 구조다. 그러나 그건 내가 원하는 하루가 아니다.

나는 내 취향대로 꾸민 공간에서, 내가 좋아하는 노래를 들으며, 내가 고른 책을 읽으며 여유로운 오후를 보내고 싶다. 가끔은 햇살 좋은 날, 창밖으로 나무를 바라보며 커피 한 잔 마시는 일상. 그런 평범하고도 소중한 삶을 살고 싶다.

그런데 그 모든 일상이 가능하려면, 전제 조건은 단 하나다. '내 집'이어야 한다. 내가 고른 공간, 내가 선택한 장소여야 한다. 다른 사람의 기준이 아니라, 내 기준으로 정한 하루여야 마지막 순간까지도 나답게 살 수 있다.

"마지막까지 나답게 살기 위해선, 집이 있어야 했다." 이 말은 곧, 삶의 마침표가 아니라, 삶의 존중에 대한 이야기다.

그래서, 지금 내가 가진 가장 큰 자유는?

✳

지금 내가 가진 가장 큰 자유는, 하루의 시작과 끝을 내가 정할 수 있다는 것이다. 아침 햇살이 들어오는 방향을 고려해 침대를 배치하고, 부엌에서 나오는 바람의 방향에 따라 창을 여닫고, 저녁에는 내가 좋아하는 음악으로 공간을 채우는 것. 이런 사소한 것들이 내 인생의 주도권을 말해준다.

우리는 너무 늦게 알게 된다. 내가 진짜 원했던 건, 수억 원의 예금이 아니었고, 대기업 명함도 아니었고, 호화로운 차도 아니었다. 그저 내가 원하는 방식으로 하루를 시작하고 마무리할 수 있는 자유. 그 자유는 내 집이 있을 때 가능하다는 사실을 말이다.

"집은 돈이 아니다. 집은, 내가 나로 살아갈 수 있는 유일한 자유다."

자산 아닌 자존, 숫자 아닌 서사의 문제

✳

사람들은 집을 자산으로 평가한다. 몇 평인가, 어느 동인가, 시세가 얼마인가. 그러나 내가 말하는 집은 그런 집이 아니다. 그것은 자산이기 전에, 내 자존이고, 나의 인생 서사다. 내가 어떤 삶을 살았는지, 무엇을 중요하게 여기는지, 어떤 선택을 해왔는지를 담고 있는 공간. 그게 내 집이다.

누군가는 30평대 아파트에 살지만 단 하루도 행복하지 않았고, 누군가는 17평짜리 오래된 빌라에서 평생 만족을 느끼며 살았다. 숫자는 삶을 증명하지 않는다. 중요한 건, 그 공간이 나를 얼마나 닮아 있느냐는 것이다.

삶의 시작은 공간에서 출발한다
✳

삶은 공간을 통해 정의된다. 아이가 자라는 것도, 부부가 대화하는 것도, 혼자만의 시간이 만들어지는 것도 모두 공간이 만든다. 그 공간이 내 것이 아니라면, 삶은 언제나 불안정하다.

우리가 아이를 낳기 전 가장 고민하는 건 "이 아이를 어디서 키울 것인가"다. 우리가 노후를 앞두고 가장 걱정하는 건 "나는 어디에서 생을 마칠 것인가"다. 그 모든 질문의 핵심은 결국 '집'이다.

공간이 있어야 관계가 있고, 공간이 있어야 성장도 있다. 내 공간을 갖는다는 건, 나의 삶을 위한 출발선에 서는 일이다.

집은 선택이 아니라 조건이다
✳

"집이 꼭 있어야 하나요?"라고 묻는 사람들이 있다. 하지만 이 질문은 전제를 잘못 짚고 있다. 집은 선택의 문제가 아니다. 집이 없으면, 삶 전체가 흔들리는 구조에서 집은 기본 조건이다.

경제적 자립을 위해, 심리적 안정감을 위해, 노년의 존엄을 위해, 자녀 교육을 위한 거주지를 확보하기 위해. 모든 영역에서 '집'은 기초 중의 기초다. 마치 공기가 있어야 숨을 쉴 수 있듯, 집이 있어야 인생이 가능하다.

지금, 가장 먼저 준비해야 할 것

✳

우리는 불안정한 시대를 살고 있다. 고물가, 고금리, 저출산, 고령화. 그 안에서 가장 먼저 준비해야 할 것이 무엇일까? 바로 집이다.

주식이나 코인처럼 하루아침에 오르내리는 자산이 아니다. 은퇴 이후에도 나를 지켜주는 유일한 울타리다. 어디에도 속하지 않은 이 시대에, 내가 온전히 속할 수 있는 단 하나의 공간. 그게 바로 집이다.

그렇기에 지금, 가장 먼저 준비해야 할 것은 '집'이다. 집이 있는 사람만이 자유롭게 움직이고, 미래를 설계하며, 존엄을 지킬 수 있다.

이제 묻는다.

"당신은, 당신의 삶을 선택할 수 있는가?"

그리고 그 질문에 당당히 대답할 수 있다면, 당신은 이미 누군가보다 훨씬 앞서 있는 것이다.

당신의 마지막 집은 어디입니까

07

우리는 결국 어디에 도착할까

✳

하루의 끝, 우리가 돌아가야 할 곳은 어디일까? 누구에게나 하루의 마지막 장면이 있다. 어떤 이는 마당이 있는 집의 현관 앞에서, 어떤 이는 자식 집의 작은 방에서, 또 다른 이는 병원의 하얀 천장을 바라보며 하루를 마무리한다. 사람은 누구나 자신만의 공간, 쉼터, 안식처가 필요하다. 그것은 단순한 집 이상의 의미다.

집은 단지 잠을 자는 공간이 아니다. 집은 기억이고, 시간이며, 삶이다. 집은 우리가 누구였는지를 설명해주는 공간이자, 우리가 어디로 가야 할지를 안내하는 나침반이다. 그런데 우리는 이 중요한 공간을 너무 늦게 고민한다. 살아가는 동안 수십 번 이사를 다니고, 집값에 일희일비하며, 언젠가는 사야지 하다가 정작 나이 들어서야 깨닫는다.

마지막 순간, 내가 숨을 쉬며 기억하고 싶은 그 공간은 어딘가. 우리는 그 질문을 삶의 한가운데서 던져야 한다. 늦기 전에, 아직 결정할 수 있을 때.

집은 가족의 안전망이다

✳

한 가족의 행복은 어디에서부터 시작되는가? 바로 집이다. 아이가 학교를 마칠 수 있는가, 부부가 위기 속에서도 관계를 유지할 수 있는가, 노부모를 모실 수 있는가 같은 모든 질문들이 집에서부터 비롯된다.

집이 없으면, 가족은 해체된다. 불안은 전염되고, 아이는 공부에 집중하지 못하고, 부부는 다툼이 잦아지고, 노부모는 요양병원으로 밀려난다. 하지만 집이 있으면, 가족은 다시 모이고, 서로를 지지할 수 있으며, 함께 미래를 꿈꿀 수 있다. 집은 관계를 지켜주는 울타리다.

아프면 쉬는 공간이 되어주고, 기쁠 땐 함께 웃을 수 있는 무대가 되어준다. 가족의 굴곡진 인생은 이 집이라는 울타리 안에서 완충된다. 위기의 순간에 버틸 수 있게 하는 힘, 그것이 집이다.

집이 없으면 미래도 없다
✳

집이 없다는 것은 현재에만 갇혀 있다는 뜻이다. 이사를 언제 가야 할지, 전세는 연장될 수 있을지, 보증금은 올랐는지… 우리는 매달 계약 조건과 통장을 들여다보며 살아간다. 그렇게 현재만 쳐다보다 보면, 미래를 계획할 여유가 없다.

아이의 진학, 은퇴 이후의 삶, 건강 악화에 대비한 환경 등은 공간이라는 기반 위에서 그려질 수 있다. 하지만 집이 없으면, 미래를 상상할 수 없고, 준비할 수도 없다. 결국 우리는 현재를 버티는 데 급급해지고, '오늘 하루를 넘기는 삶'에 익숙해진다.

미래가 없는 삶은 방향이 없는 배와 같다. 집이 없는 삶은 나를 방황하게 만든다.

집은 자존감이다
✳

"당신 집이 어디냐" 는 질문은 단순한 주소를 묻는 것이 아니다. 그것은 곧 당신이 어떤 삶을 살아왔고, 어떤 선택을 했는지를 묻는 말이다.

내가 사는 집은 내 삶의 이력서다. 아무리 작은 집이라도, 그것이 나의 결정으로 마련된 공간이라면 나는 당당할 수 있다. 그러나 누군가의 집에 얹혀살거나, 전전긍긍하며 이사 다니는 삶을 반복하다 보면 자존감은 점점 깎여나간다.

아이들도 마찬가지다. 내 집이 있다는 것은 친구를 초대할 수 있다는 것이고, 나만의 책상이 있다는 것이며, 밤늦게 돌아와도 걱정하지 않아도 되는 안식처가 있다는 것이다.

사람은 공간에 영향을 받는다. 좋은 집은 사람을 편안하게 만들고, 자부심을 갖게 한다. 집은 내 존재를 지지해주는 가장 현실적인 공간이다.

집은 교육이다

✳

많은 부모들이 자녀의 교육을 위해 좋은 학군, 명문 학교를 찾아 이사를 간다. 하지만 정작 그 이사 자체가 불안정하다면, 아이의 교육은 그 자체로 흔들린다.

아이가 공부에 집중할 수 있으려면 우선 '집'이 안정되어야 한다. 반복되는 이사는 아이의 친구 관계를 끊고, 학습 습관을 무너뜨리며, 정서적인 불안을 유발한다. 좋은 교육은 안정된 환경에서 시작된다.

또한 공부는 단지 학교에서만 이루어지는 것이 아니다. 집에서의 분위기, 조명, 책상 위치, 부모의 태도도 중요한 교육이다. 교육은 공간이다.

내 집이 있다는 것은 그 아이에게 안정된 교육 인프라를 제공할 수 있다는 뜻이다. 더 좋은 환경을 원하는가? 집부터 바꿔야 한다.

집은 부모의 마지막 선물이다

✴

많은 부모들이 말한다. "나는 아이한테 해줄 게 없어." 하지만 그렇지 않다. 아이에게 가장 큰 선물은, 부모가 의지할 수 있는 집 한 채다.

부모가 자기 집에서 자립하며 사는 모습을 보여준다는 건, 그 자체로 자녀에게 안정감을 준다. 자식은 덜 미안하고, 부모는 더 당당하다.

게다가 그 집은 언젠가 자녀에게 돌아간다. 유산의 의미가 아니라, 하나의 안전망, 하나의 가능성으로 작용한다. 그 집 덕분에 위기를 넘길 수도 있고, 창업을 할 수도 있고, 일시적으로 거주할 수도 있다.

물려줄 게 없어도 된다. 남겨줄 수 있다면, 그것만으로도 충분하다.

집은 생존이다

✶

갑작스러운 실직, 질병, 사고. 누구나 인생의 한가운데서 위기를 맞이한다. 그 순간 나를 지켜주는 단 하나의 조건은 집이다.

세상이 나를 밀어낼 때, 버틸 수 있는 공간이 있는가. 집이 없으면, 위기 때마다 이사를 다녀야 하고, 재정적 부담에 짓눌리며, 가족과도 멀어진다. 하지만 집이 있으면, 아무리 상황이 나빠져도 돌아갈 곳이 있다는 믿음 하나로 버틸 수 있다.

집은 생존이다. 투자도, 욕망도 아니다. 내 삶을 지켜내기 위한 최전선이다.

집은 곧 나다

✶

나는 어떤 공간에서 하루를 시작하고, 어떤 분위기에서 하루를 마무리하는가. 집은 단지 장소가 아니라 나의 연장이다.

내 집이 없으면, 나는 나를 표현할 수 없다. 빌린 공간에서 살아가는 삶은 언젠가 반드시 돌아가야 할, 머무를 수 없는 공간이다. 그 안에서 나는 나일 수 없다.

진짜 내가 되는 건, 진짜 내 공간을 가졌을 때부터다.

그래서, 우리는 어떻게 살아야 할까

✳

집을 사는 건 돈이 아니라, 태도의 문제다. 지금까지의 삶이 "언젠간 사야지"였다면, 이제는 "지금 무엇을 바꿀 수 있을까"로 바뀌어야 한다.

정보가 부족하다면 공부해야 하고, 자금이 부족하다면 전략을 세워야 한다. 기회는 기다리는 자에게 오지 않는다. 움직이는 자에게 온다.

부동산이 어렵다? 맞다. 어렵다. 하지만 그 안에서 기회를 만든 사람들이 있다. 그들은 남들보다 똑똑해서가 아니라, 단지 먼저 시작했을 뿐이다.

지금도 늦었지만, 지금 시작하면 미래는 바뀔 수 있다.

당신의 마지막 집은 어디입니까

✳

이제 묻는다. 당신은 어디에서 마지막 밤을 보내고 싶은가. 자식의 집 안방인가, 요양병원의 3인실인가, 아니면 당신이 선택한 그 집인가.

그 질문은 먼 미래의 일이 아니다. 오늘 당신의 선택이, 10년 후 당신의 삶을 만든다.

자신만의 공간, 자신만의 기준, 자신만의 기억으로 채운 공간.

그것이 마지막 집이어야 한다.

그리고 그 집은 지금 준비해야 한다.

마지막 집은, 마지막 자존심이다.

지금, 당신은 어떤 선택을 하고 있는가?

에필로그

✳

그리고, 다시 시작입니다

당신은 이 책의 첫 장면을 기억하고 있습니까? 낡은 구축 아파트, 작은 방 세 개, 거실 없는 집. 부모와 함께 살아가던 그 어린 시절, 우리는 집이라는 공간에서 '꿈'이라는 이름을 처음 만났습니다.

 그 좁은 공간에서 우리는 미래를 상상했고, 작은 창문 밖 세상이 훨씬 더 넓고 찬란할 거라고 믿었습니다. 그때는 몰랐습니다. 그 조그만 공간이 우리 삶의 전부였고, 동시에 가장 소중한 기반이었음을. 우리는 매일같이 이불을 펴고 접으며, 책상 없이 바닥에서 공부하며, 때로는 화장실 앞에 놓인 세탁기를 보며 자랐습니다. 그 시절엔 불편함보다 '함께 있음'이 중요했고, 부족함보다 '웃음'이 더 컸습니다.

그리고 지금, 당신은 어디에 살고 있습니까? 혹시 그때보다 더 좁은 집에서, 더 불안한 마음으로 또 한 번의 이사를 준비하고 있지는 않나요? 계약 만료일을 손꼽아 세며, 전셋값이 오를까, 보증금을 더 구할 수 있을까, 그런 걱정에 밤잠을 설치고 있지는 않나요?

이 책은 집 없는 이들의 이야기였습니다. 그리고 동시에, 우리 모두의 이야기이기도 했습니다.

20대의 불안, 30대의 후회, 40대의 좌절, 50대의 포기, 60대의 허탈, 그리고 70대, 80대에 마주하는 깊은 무력감까지. 우리는 왜 이렇게까지 되었을까요? 부동산 폭등 때문일까요? 정책 실패 때문일까요? 아니면 단지 운이 없었던 걸까요?

단 하나, 집을 사는 타이밍을 놓쳤기 때문입니다.

우리는 늘 '다음에', '나중에', '조금 더 여유가 생기면'이라고 말해왔습니다. 하지만 인생에 여유란 생각보다 일찍 오지 않습니다. 월급은 오르지 않고, 아이는 자라고, 부모님은 나이가 들고, 사회는 급속히 변합니다.

그 사이에 우리는 점점 더 뒤로 밀려났습니다. 처음에는 살 수 있던 동네가 사라지고, 그다음엔 전세로도 들어가기 어려워졌고, 결국 '집을 산다는 것' 자체가 아득한 꿈이 되어버렸습니다.

하지만 아직 늦지 않았습니다.

이 책을 덮는 이 순간부터, 당신의 집에 대한 인식이 바뀌었다면 당신의 인생도 다시 시작할 수 있습니다. 집은 돈이 아닙니다. 집은 삶의 프레임입니다. 내가 어떤 삶을 살 것인가를 결정짓는 '가장 현실적인 선택지'입니다.

이제는 선택해야 할 시간입니다. 더 이상 미룰 수 없습니다. 아무것도 하지 않으면, 아무 일도 일어나지 않습니다. 지금의 망설임은 10년 후의 후회가 되고, 지금의 용기는 10년 후의 기회가 됩니다.

집을 갖는다는 건 단지 부동산을 소유한다는 말이 아닙니다. 그것은 내가 나의 삶을 직접 설계하고, 내가 원하는 방식으로 살아가겠다는 의지의 표현입니다. 불안한 월세방에서 벗어나, 계약 만료의 압박에서 벗어나, 매년 이삿짐을 싸며 고생하는 삶에서 벗어나겠다는 결심입니다.

이 책은 단지 부동산 투자서가 아닙니다. 이것은 선언입니다. 집 없는 삶에도 위로가 필요하다면, 이 책이 당신에게 그 위로이자 새로운 선언이 되기를 바랍니다.

당신이 지금까지 실패했다고 느꼈더라도, 아직 모든 문이 닫힌 것은 아닙니다. 집을 가지기 위한 당신의 도전은 지금부터 시작될 수 있습니다. 중요한 것은 타이밍이 아니라 방향입니다. 방향이 올바르다면, 지금의 한 걸음도 미래의 당신에게는 가장 소중한 출발점이 될 수 있습니다.

당신이 집을 갖는 순간, 바뀌는 것은 단지 주소지가 아닙니다. 당신의 언어가 바뀌고, 행동이 바뀌며, 생각의 프레임이 바뀝니다. 자녀에게 해줄 수 있는 이야기부터, 스스로의 미래를 설계하는 기준까지, 전부가 달라집니다. 한 채의 집이 주는 심리적 안정감은 통장에 찍힌 금액보다 훨씬 큽니다.

지금까지는 남이 정한 계약서에 도장을 찍으며 살아왔다면, 이제부터는 나만의 인생설계서에 첫 페이지를 써내려갈 차례입니다. 이제는 남의 집에 들어가 사는 삶이 아니라, 내 집에서, 내 방식으로, 내 시간을 살아갈 준비를 해야 할 때입니다.

그리고 반드시 기억하십시오. 집을 가진다는 것은, 단지 벽과 지붕을 갖는 것이 아니라, '내가 누구인지'를 말할 수 있는 가장 분명한 선언입니다. 공간은 사람을 규정합니다. 그리고 내 공간을 가진 사람만이, 자신의 인생을 스스로 선택할 수 있습니다.

부디 이 책이 당신에게 용기를 주기를 바랍니다. 집은 아무나 가질 수 없는 꿈이 아닙니다. 그것은 단지 더 빨리 깨달은 사람의 선택일 뿐입니다. 지금이라도 시작하면 됩니다. 지금이라도 '내 집'을 향한 길을 걷기 시작하면 됩니다. 그 길의 끝에는 반드시, 당신만의 삶이 기다리고 있습니다.

그리고 이 말로 마무리하고 싶습니다.

"삶은 당신이 선택한 집의 형태를 닮아갑니다. 좁고 어두운 곳을 벗어나, 빛이 드는 창문 앞에 서십시오. 당신에게도 그럴 자격이 있습니다."

지금, 다시 시작입니다. 오늘 이 책을 덮으며, 당신은 집을 향한 진짜 첫 걸음을 뗀 것입니다. 그리고 언젠가 당신이 당신만의 마지막 집에 도달했을 때, 그때 이 책의 마지막 문장을 다시 떠올려 주시기 바랍니다.

"당신의 마지막 집은, 어디입니까?"